CORNELIA SCHINHARL

DIE *bayerische* KÜCHE

Regionale
Spezialitäten

CORNELIA SCHINHARL

DIE *bayerische* KÜCHE

Regionale Spezialitäten

FOTOS VON ALEXANDER WALTER

KOSMOS

DIE BAYERISCHE KÜCHE

DAS IST *wirklich* WICHTIG

DARAUF KOMMT'S AN! **Hier erläutern wir alles, was zum Gelingen des Rezepts wirklich wichtig ist. Wo es sinnvoll ist, mit Bild, sonst auch ohne.**

BESONDERES AUS BAYERN

BAYERISCHE KÜCHE
Lebensfreude und Genuss

Urig und ursprünglich. Grantig und gemütlich. Berge und Seen vor weißblauem Himmel. Friedlich grasende Kühe, braun mit weißen Flecken. Die schönsten Bauernhöfe mit Blumenpracht an den Balkonen im Berchtesgadener Land und im Chiemgau. Biergärten und prall gefüllte Marktstände. Weißwurst und Brezen. Das Bier nur im Maßkrug. Lederhosen und Haferlschuh und das Designer-Kostüm von der Münchner Maximilianstraße. Und dazu noch die Nähe zu Italien, die manchen Bayern dazu verleitet, seine Heimat als das nördlichste Land Italiens zu bezeichnen.

Klischees, denen das Land an allen Ecken und Enden gerecht wird. In Bayern lässt es sich gut leben und der Bayer lässt es sich gern gut gehen. Zum Beispiel im Biergarten. Da breitet er sich unter den Rosskastanien eine rot- oder blau-weiß-karierte Tischdecke auf dem Biertisch aus, um den prallen Radieserln, dem blütenweißen Radi, dem würzigen Bergkäse und dem Leberkäse eine würdige Unterlage zu bieten. Oder sich doch lieber eine Schweinshaxe oder einen Steckerlfisch zu gönnen.

Damit Sie sich ab heute das bayerische Lebensgefühl entspannt nach Hause holen können, finden Sie in diesem Buch traditionelle bayerische Spezialitäten neben Kreationen aus der modernen bayerischen Küche. Von der deftigen Brotzeit wie Wurstsalat, Obazdn oder knusprig-frischen Laugenbrezen, einer würzigen Leberknödel- oder Brezensuppe bis zum luftigen Kartoffelschmarrn, dem saftigen Schweinebraten mit der knusprigen Kruste bis zu Hirschpflanzerl mit Sellerie-Birnen-Salat oder gebratenem Fischfilet mit Kürbispüree reicht die Bandbreite. Nicht zu vergessen der süße Abschluss mit Topfenknödeln und Münchner Apfelstrudel.

Und weil die Bandbreite der bayerischen Küche so groß ist, haben wir uns auf Rezepte aus Oberbayern beschränkt, um den Rahmen nicht zu sprengen. Doch es gibt noch viel mehr als Rezepte: Hier können Sie Wissenswertes lesen, von der Erfindung der Biergärten über das Spargelstechen und Bierbrauen bis zum Fischen im Starnberger See.

Lassen Sie sich's schmecken, und vor allem: genießen Sie in aller Ruhe und Gemütlichkeit!

BROTZEIT & SUPPEN

Von deftig bis delikat

HERZHAFT UND WÜRZIG GEHT ES ZU, WENN IM BIERGARTEN ODER WIRTSHAUS EINE BROTZEIT AUF DEN TISCH KOMMT – VOM WURSTSALAT BIS ZUM ERDÄPFELKAS. NICHT WENIGER DELIKAT: AROMATISCHE SUPPEN, DIE FAST SATT MACHEN.

Waldwirtschaft

BAYERISCHE BIERGÄRTEN
schattige Oasen des Alltags

FRÖHLICHE SONNENSTRAHLEN, DIE DURCH DAS DICHTE BLÄTTERDACH MAJESTÄTISCHER KASTANIENBÄUME AUF DEN BLANKEN BIERTISCHEN TANZEN, EIN FRISCH GEZAPFTES BIER IM MASSKRUG UND EINE DEFTIGE BROTZEIT – MEHR BRAUCHT DER (BAYERISCHE) MENSCH NICHT, UM GLÜCKLICH ZU SEIN.

KÜHL SOLL'S SEIN

Tatsächlich, Kastanien gehören ebenso zum Münchner Biergarten wie die Tische, Bänke und der kühle Gerstensaft. Durch ein Dekret aus dem Jahr 1539 war das Bierbrauen früher nur von September bis April erlaubt. In den heißen Monaten war die Brandgefahr durch das Rösten des Getreides, das man zum Brauen brauchte, zu hoch. Da Bier aber bekanntlich frisch am besten schmeckt, mussten die Brauer sich was einfallen lassen. Der Vorrat für den Sommer wurde im März gebraut und zwar etwas stärker als üblich. Das noch heute so genannte Märzenbier blieb dadurch länger frisch. Außerdem wusste man schon damals, dass das Bier sich umso länger hielt, je kühler es gelagert wurde. Allzu tief konnten die ortsansässigen Brauereien ihre Keller allerdings nicht graben, der hohe Grundwasserspiegel in München stand dagegen. Und so wurden im späten Winter riesige Eispflöcke aus den zugefrorenen Seen oder den nahen Bergen in die Keller geschafft. Und alle Brauereien pflanzten über ihren Kellern Kastanien, deren große Blätter auch im Sommer für ausreichend Schatten sorgten. Die Keller blieben kühl und das Eis schmolz langsamer.

PROVIANT ZUM BIER

Ende des 18. Jahrhunderts begannen die Brauereien, ihr Gebräu selbst an den Mann und die Frau zu bringen. Bänke und Tische wurden über den Lagerkellern aufgestellt, die Münchner mit frischem Lagerbier bedient. Bald saß hier der Herr Ministerialrat neben dem Kutscher, die Hutmacherin neben der Magd auf schlichten Holzbänken und alle labten sich am frisch gezapften Bier. Gut für die Brauer und die durstigen Gäste, schlecht aber für die Münchner Wirte, die sich um ihre Kundschaft in den Wirthäusern sorgten. König Ludwig I. nahm sich im 19. Jahrhundert schließlich dieses Problems an und erlaubte den Brauern zwar weiterhin den direkten Verkauf des Bieres, untersagte ihnen aber, die kulinarische Grundlage mit zu verkaufen. Einfallsreich wie der Mensch und speziell der Bayer ist, dauerte es nicht lange, bis sich die durstigen Gäste ihre Brotzeit selber mitbrachten. Ein Brauch, der bis heute gerne gepflegt wird.

Und so handelt es sich bei jedem Biergarten der Stadt und des Umlands schon von Rechts wegen laut Biergartenverordnung um eine „im Freien gelegene Betriebsfläche, die in erheblichem Umfang mit Bäumen bepflanzt und wo der Verzehr mitgebrachter Speisen erlaubt ist". Alles andere ist schlicht eine Gartenwirtschaft.

WURSTSALAT *mit Radieserl*

IN OBERBAYERN KOMMT LYONER IN DEN WURSTSALAT, DER OFT NUR MIT ZWIEBELN, ESSIG UND ÖL ANGEMACHT WIRD. HIER EIN REZEPT MIT FRISCHEN ZUTATEN.

Zutaten für 4 Portionen

- 1 Bund Radieschen
- Salz
- 1 Bund Schnittlauch
- 400 g Fleischwurst (Lyoner)
- 2 EL heller Essig (Bier- oder Apfelessig)
- 1 TL süßer Senf
- Pfeffer aus der Mühle
- 1 Prise gemahlener Kümmel
- 4 EL neutrales Öl

Zeitbedarf

- 20 Minuten

So geht's

1. Die Radieschen waschen, Blätter und Wurzeln abschneiden. Die Radieschen in dünne Scheiben schneiden und in einer Schüssel mit 1 TL Salz mischen. Etwa 10 Minuten stehen und Saft ziehen lassen.
2. Inzwischen den Schnittlauch waschen und trocken schütteln, in feine Röllchen schneiden. Die Wurst von der Haut befreien und in dünne Scheiben schneiden.
3. Für die Sauce den Essig mit dem Senf, Salz, Pfeffer und Kümmel verrühren. Das Öl nach und nach unterschlagen. Von den Radieschen die Flüssigkeit abgießen, die sich in der Schüssel gesammelt hat. Radieschen, Wurst und Schnittlauch mit der Sauce mischen und abschmecken.

Am besten schmecken dazu ofenfrische Brezen oder Kornspitz.

Die Variante

Wurstsalat mit Gurke
In anderen bayerischen Regionen bereitet man den Salat mit anderen Würsten zu. In der Oberpfalz zum Beispiel mit den dicken würzigen Regensburgern. Schneiden Sie ca. 400 g Regensburger nach dem Häuten in dünne Scheiben. Mit ½ Salatgurke in dünnen Scheiben und 100 g Gewürzgurken in Scheiben mischen und mit einer Salatsauce aus 4 EL Gemüsebrühe, 2 EL hellem Essig, 1 TL scharfem Senf, Salz, 1 Prise Zucker und 4 EL neutralem Öl anmachen. Nach Belieben mit etwas frischer Gartenkresse bestreuen.

GRIEBENSCHMALZ
mit Apfel und Majoran

FRISCHES WÜRZIGES SCHMALZ AUF KNUSPRIGEM BAUERNBROT – EINFACH GÖTTLICH! UND FRÜHER EIN BELIEBTER BROTAUFSTRICH, DER LANGE HALTBAR WAR.

Zutaten für 2 Gläser

- 800 g fetter roher Schweinebauch ohne Schwarte
- 1 Zwiebel
- 1 großer säuerlicher Apfel
- ¼ Bund Majoran
- nach Belieben 1 Zweig Bohnenkraut
- Salz, Pfeffer aus der Mühle
- nach Belieben gemahlener Koriander oder Kümmel

besonderes Werkzeug
- 2 Gläser (à ca. 400 ml)

Zeitbedarf
- 50 Minuten

So geht's

1. Den Schweinebauch erst in dünne Scheiben, dann in kleine Würfel schneiden. In einen Topf geben und erhitzen. Bei schwacher Hitze unter gelegentlichem Rühren etwa 15 Minuten braten, bis etwas flüssiges Fett austritt [→ a].
2. Inzwischen die Zwiebel schälen und fein hacken. Den Apfel vierteln, schälen und das Kerngehäuse entfernen. Den Apfel ebenfalls würfeln.
3. Zwiebel und Apfel zum Schweinebauch geben und alles weitere 10 Minuten garen, bis die Fettstücke knusprig werden [→ b].
4. Den Majoran und eventuell das Bohnenkraut waschen und trocken schütteln, die Blättchen abzupfen und fein hacken. Unter das Schweinefleisch mischen und alles noch einmal 10 Minuten garen. Das Schmalz mit Salz, Pfeffer und eventuell 1 Prise Koriander oder Kümmel würzen und in saubere Gläser oder Schmalztöpfe füllen. Abkühlen lassen und kühl lagern.

Das Schmalz hält sich im Kühlschrank 3–4 Monate.

[b]

DAS IST *wirklich* WICHTIG

[a] FLÜSSIG WERDEN LASSEN
Werden Sie beim Erhitzen des Schweinefleisches nicht ungeduldig. Es dauert etwa 15 Minuten, bis das Fett bei schwacher Hitze langsam flüssig wird. Rühren Sie zwischendurch häufig um.

[b] KNUSPRIGE SPECKWÜRFEL
Wenn das Fett zum größten Teil flüssig ist, werden die restlichen Fett- und Fleischstücke langsam knusprig. Sie sollen goldbraun, aber nicht zu dunkel werden.

[a]

DAS IST *wirklich* WICHTIG

[a] REIFER CAMEMBERT Lassen Sie den Käse für diese Creme so reif werden, dass er beim Anschneiden zu fließen beginnt.

[b] CREMIG ZERDRÜCKEN Je weicher der Käse ist, desto feiner lässt er sich zerdrücken. Falls er doch etwas zu hart ist, geben Sie eventuell 1 EL mehr saure Sahne oder Topfen dazu.

OBAZDA
auf Rettich-Carpaccio

„OBAAZD", ALSO ZERDRÜCKT UND ANGEMACHT – HEISST DIESE WÜRZIGE KÄSECREME, DIE IN KEINEM BIERGARTEN BEI DER BROTZEIT FEHLEN DARF!

Zutaten für 4 Portionen

- 300 g sehr reifer Camembert
- 50 g weiche Butter
- 100 g saure Sahne oder Quark
- 1 EL edelsüßes Paprikapulver
- 1 TL rosenscharfes Paprikapulver
- Salz
- 1 milde weiße Zwiebel
- 1 kleiner Rettich
- 1 EL Zitronensaft
- 2 EL neutrales Öl

Zeitbedarf

- 30 Minuten

So geht's

1. Den sehr reifen Camembert **[→ a]** mit der Rinde würfeln und mit einer Gabel fein zerdrücken. Die Butter und die saure Sahne oder den Quark dazugeben und alles mit der Gabel zerdrücken und vermengen, bis eine Creme **[→ b]** entstanden ist. Mit der Hälfte des edelsüßen und dem rosenscharfen Paprikapulver und wenig Salz abschmecken.
2. Die Zwiebel schälen und in feine Ringe schneiden. Mit dem restlichen Paprikapulver und 1 Prise Salz mischen.
3. Den Rettich schälen und in feine Scheiben schneiden oder hobeln. Mit Salz mischen und 5 Minuten stehen lassen. Den Zitronensaft mit dem Öl verrühren. Die Flüssigkeit, die sich beim Rettich gebildet hat, abgießen. Den Rettich mit der Zitronensaft-Öl-Mischung verrühren und auf vier Tellern auslegen. Jeweils 1 Kugel Obazdn in die Mitte setzen und mit den Paprikazwiebeln garnieren.

Die Variante

Obazda aus Ziegenkäse
300 g sehr reifen Ziegen-Camembert würfeln und fein zerdrücken. 50 g weiche Butter und 125 g saure Sahne untermischen. 1 kleine reife, feste Birne schälen, vom Kerngehäuse befreien und klein würfeln. Mit 1 EL Zitronensaft mischen. 2 Frühlingszwiebeln waschen, putzen und mit dem knackigen Grün in feine Ringe schneiden. Beides unter die Käsecreme rühren, mit Salz und Pfeffer abschmecken und mit etwas gemahlenem Kümmel bestreut servieren.

EIN ECHT BAYERISCHER RADI ist rass – also scharf. Damit das den Genuss nicht einschränkt, wird er eingesalzen. Das Salz entzieht dem geschnittenen Rettich einen Teil der Senföle, die für die Schärfe verantwortlich zeichnen.

ERDÄPFELKAS
mit Kümmel

URSPRÜNGLICH STAMMT DER WÜRZIGE BROTAUFSTRICH AUS DER HALLERTAU. AUS DER NOT ENTSTANDEN, GEHÖRT ER BIS HEUTE ZU DEN SPEZIALITÄTEN DER REGION.

Zutaten für 4 Portionen

- 400 g vorwiegend festkochende Kartoffeln
- 1 Zwiebel
- 1 EL Butter
- 1 TL Kümmelsamen
- 125 g Quark
- 150 g saure Sahne
- Salz, Pfeffer aus der Mühle
- frisch geriebene Muskatnuss
- ½ Bund Schnittlauch

Zeitbedarf

- 15 Minuten + 20–30 Minuten kochen

So geht's

1. Die Kartoffeln waschen und in der Schale in Wasser in 20–30 Minuten weich kochen. Abgießen, etwas ausdampfen lassen, schälen und durch die Kartoffelpresse drücken.
2. Die Zwiebel schälen und fein hacken. Die Butter zerlassen und die Zwiebel mit den Kümmelsamen darin bei schwacher Hitze unter Rühren in etwa 5 Minuten weich dünsten.
3. Die Zwiebel mit dem Quark und der sauren Sahne zu den Kartoffeln geben und unterrühren, mit Salz, Pfeffer und frisch geriebener Muskatnuss abschmecken. Den Schnittlauch waschen, trocken schütteln und in feine Röllchen schneiden. Den Erdäpfelkas damit bestreuen und servieren.

Dazu passen frische Brezen am besten. Der Erdäpfelkas schmeckt aber auch als Beilage zu Leberkäse oder Würsten.

RÄUCHERFISCHCREME
mit Schnittlauch

SCHON LUDWIG II. SOLL DIESE FEINE CREME GESCHÄTZT HABEN. AM LIEBSTEN LIESS ER SIE SICH WOHL IN BLÄTTERTEIG IN SCHWANENFORM KREDENZEN.

Zutaten für 4 Portionen

1 geräucherte Renke oder Forelle (etwa 300 g)

½ Bund Schnittlauch

½ Bio-Zitrone

100 g saure Sahne

Salz, Pfeffer aus der Mühle

Zeitbedarf
- 15 Minuten

So geht's

1. Den Räucherfisch von der Haut, der Mittelgräte und den dickeren Seitengräten befreien. Das Fischfleisch in Stücke zupfen. Den Schnittlauch waschen, trocken schütteln und in feine Röllchen schneiden. Die Zitronenhälfte heiß waschen und abtrocknen, die Hälfte der Schale abreiben und den Saft auspressen.
2. Das Fischfleisch mit der sauren Sahne fein pürieren. Den Schnittlauch und die Zitronenschale unterrühren und die Creme mit 1 TL Zitronensaft, Salz und Pfeffer abschmecken.

Schmeckt mit Brezen oder auf (gerösteten) Kornspitzscheiben.

KNUSPRIGE BREZEN

zu jeder Tageszeit beliebt

ZUM BETEN VERSCHRÄNKTE ARME – DARAN SOLLEN BREZEN ERINNERN. WIE VIELE ANDERE TRADITIONELLE GEBÄCKARTEN IST AUCH DIE BREZE EIN SOGENANNTES GEBILDEBROT.

Wahrscheinlich ist die Breze aus einem römischen Ringbrot entstanden, das den Göttern zum Opfer gebracht wurde. Im Laufe der Zeit entstand daraus ein offener Ring in Form einer Sechs, bis schließlich beide Enden offen blieben und miteinander verschlungen wurden.

AUS DEN BACKSTUBEN DER KLÖSTER

Etwa im 10. Jahrhundert tauchten diese Gebilde, aus weißem Mehl ohne Sauerteig gebacken, in den Klöstern auf. Das Wort Breze kommt vom althochdeutschen Brezitella, was so viel wie Ärmchen heißt. Gebacken wurden Brezen in den Klöstern besonders an Neujahr, am Palmsonntag und zu Erntedank, sie waren aber auch ein typisches Fastengebäck. Dass sie sich gerade in Bayern so großer Beliebtheit erfreuen, ist wohl dem Umstand zu verdanken, dass sich hier besonders viele Klöster angesiedelt haben.

DER LETZTE SCHLIFF

Was da ursprünglich auf den Tisch kam, war eine Hefeteigbreze, die vor dem Backen mit einer Glasur aus Zuckerwasser bestrichen wurde und dadurch eine goldgelbe Farbe bekam. Die Laugenbreze, wie wir sie heute kennen, verdankt ihre Entstehung wie so viele Spezialitäten wohl einem Zufall. Wahrscheinlich hatte der Bäckerlehrling Anton Nepomuk Pfannenbrenner, der in München im Dienste des Hoflieferanten Johann Eilles stand, noch eine große Portion Schlaf in den Augen, als er im Jahr 1839 frühmorgens in der Backstube stand. Und so tauchte er den Pinsel versehentlich nicht ins Zuckerwasser, sondern in einen anderen Becher. Und der enthielt Natronlauge, die eigentlich zum Säubern der Backbleche gedacht war. Doch siehe da, das Versehen hatte große Auswirkungen, allerdings durchaus positiver Natur.

ÜBERZEUGEND GUT

Außen kastanienbraun, glänzend und knusprig, schön saftig und hell im Inneren – so kam das Versehen aus dem Ofen. Serviert wurde das Ergebnis noch am selben Tag, wohl dem 11. Februar, dem württembergischen Gesandten Wilhelm Eugen von Ursingen. Anscheinend war er sehr angetan von der Laugenbreze, denn auch in Baden-Württemberg ist sie seither sehr beliebt. Manch einer meint sogar, sie sei dort erfunden worden …

Der Unterschied zwischen bayerischen und schwäbischen Brezen ist gering. Die bayerischen haben etwas dickere Arme, die schwäbischen etwas Fett im Teig. Und in Bayern gibt's die knusprige Breze – zumindest zur Oktoberfestzeit und im Biergarten – auch in der Maxi-Ausführung. Etwa 250 g wiegt sie dann.

LAUGENBREZEN
frisch und knusprig

VOM FRÜHSTÜCK BIS ZUM ABENDESSEN STEHEN FRISCHE BREZEN AUF DEN TISCHEN ALLER WIRTSHÄUSER IN BAYERN. AB JETZT AUCH BEI IHNEN ZU HAUSE!

Zutaten für 10 Stück

Für den Teig

- 500 g Mehl
- 1 ½ TL Salz
- 30 g frische Hefe
- 1 Prise Zucker

Für die Lauge

- 50 g Natron (Backregal)

Außerdem

- grobes Salz zum Bestreuen

besonderes Werkzeug
- Schaumlöffel
- Backpapier

Zeitbedarf
- 40 Minuten + 1 Stunde ruhen + 15 Minuten backen

So geht's

1. Das Mehl mit dem Salz in einer Schüssel mischen. Die Hefe zerkrümeln und mit dem Zucker und 275 ml lauwarmem Wasser verrühren. Zum Mehl geben und alles gründlich durchkneten [→ a].
2. Den Teig etwa 30 Minuten gehen lassen, dann in 10 Portionen teilen, jeweils zu Strängen rollen und zu Brezen zusammenlegen [→ b + c]. Die Brezen auf 2 Küchenbretter legen und 15 Minuten in den Gefrierschrank stellen.
3. Den Backofen auf 230 °C (Ober- und Unterhitze; Umluft 210 °C) vorheizen.
4. In einem Topf 1 ½ l Wasser mit dem Natron zum Kochen bringen und kurz sprudelnd kochen lassen. Die Brezen einzeln in die Natronlauge tunken und nach 30 Sekunden wieder herausheben [→ d]. Auf ein mit Backpapier belegtes Blech legen und mit grobem Salz bestreuen.
5. Die Brezen im heißen Ofen (Mitte) etwa 15 Minuten backen. Gleich auf ein Gitter (z. B. den Backofenrost) legen und gut auskühlen lassen.

BREZEN AUF VORRAT **Machen Sie auf alle Fälle die gesamte Menge, auch wenn Sie nur ein paar Brezen gleich brauchen. Die Brezen lassen sich gut einfrieren. Die Brezen dafür nach dem Laugenbad auf einem Brett abkühlen lassen und nicht mit Salz bestreuen. Auf dem Brett in den Gefrierschrank stellen und anfrieren lassen, bis sie stabil sind. Die Brezen dann in Gefrierbeutel füllen und verschließen. Bei Bedarf auf das Backblech legen und mit grobem Salz bestreuen. Im 200 °C heißen Backofen in etwa 20 Minuten braun und knusprig backen. Abkühlen lassen.**

[b]

DAS IST *wirklich* WICHTIG

[a] GRÜNDLICH KNETEN Die Teigzutaten zuerst in der Schüssel gut mischen. Dann auf die leicht bemehlte Arbeitsfläche umfüllen und den Teig mit den Händen etwa 5 Minuten lang sehr kräftig durchkneten. Kneten Sie auf jeden Fall so lange, bis der Teig geschmeidig ist und sich etwas voluminöser anfühlt.

[b + c] ZU BREZEN FORMEN Nach dem Gehen den Teig in 10 Portionen teilen. Rollen Sie diese jeweils mit den Handflächen zu mindestens 50 cm langen Schnüren aus, die überall gleich dick sind. Zu einem nach unten offenen Kreis zusammenlegen, die Enden miteinander verschlingen. Dann auf die obere Brezenrundung legen. Die Enden gut andrücken.

[c]

[d] IN LAUGE TUNKEN Geben Sie die gut gekühlten Brezen einzeln in die kochende Natronlauge. Mit dem Schaumlöffel in die Lauge tauchen. Nach etwa ½ Minute die Breze mit dem Schaumlöffel herausheben, gut abtropfen lassen und gleich aufs mit Backpapier belegte Blech geben.

TELLERSÜLZE
mit Schweine- oder Kalbfleisch

FRÜHER WURDE SIE AUS FÜSSEN UND SCHWANZ DES FRISCH GESCHLACHTETEN SCHWEINS GEMACHT. HEUTE GART MAN SCHWEINE- ODER KALBFLEISCH MIT.

Zutaten für 4 Portionen

- 500 g Schweine- oder Kalbsfüße (vom Metzger durchhacken lassen, am besten vorbestellen)
- 1 Zwiebel
- 1 Bund Suppengrün
- 2 Lorbeerblätter
- 1 TL Pfefferkörner
- 1 Gewürznelke
- 1 Stück Schweine- oder Kalbfleisch (Schulter, etwa 400 g)
- Salz
- 2 EL heller Essig
- 1 Eiweiß
- 2 Eier
- 4 Essiggurken

Zeitbedarf

- 30 Minuten + 1 ½ Stunden kochen + kühlen über Nacht

So geht's

1. Die Schweine- oder Kalbsfüße in einem Topf knapp mit Wasser bedecken (1 ½ – 2 l). Die Zwiebel schälen, das Suppengrün schälen oder waschen und alles in grobe Stücke schneiden. Mit dem Lorbeer, den Pfefferkörnern und der Nelke in den Topf geben. Das Wasser zum Kochen bringen.
2. Das Fleisch dazugeben, die Flüssigkeit mit 3 TL Salz und 1 EL Essig würzen. Die Füße und das Fleisch bei halb aufgelegtem Deckel bei schwacher Hitze etwa 1 ½ Stunden köcheln lassen.
3. Die Brühe sieben, das Fleisch zur Seite stellen. Das Eiweiß mit dem Schneebesen unter die heiße Brühe rühren **[→ a]**. Die Brühe stehen lassen, bis sich alle Trübstoffe mit dem Eiweiß absetzen.
4. Inzwischen die Eier in etwa 8 Minuten hart kochen, kalt abschrecken und pellen. Das Fleisch in Streifen schneiden. Die Essiggurken der Länge nach in dünne Scheiben schneiden. Die Eier in dickere Scheiben schneiden. Fleisch, Eier und Essiggurken auf tiefe Teller verteilen.
5. Vom Fleischsud etwa 800 ml abmessen. Eventuell mit etwas Essig und Salz abschmecken und über die Zutaten in den Tellern schöpfen. Die Sülze über Nacht kühl stellen.
6. Am nächsten Tag gut gekühlt servieren. Als Imbiss gibt es dazu Brezen oder Brot, als komplette Mahlzeit Bratkartoffeln.

DAS REZEPT **Das Überziehen von gekochtem Fleisch und Fisch mit säuerlicher Brühe hatte früher den Sinn, die Lebensmittel länger haltbar zu machen. Als Knöcherlsulz kommt die Sülze auch heute noch oft auf den Tisch bayerischer Wirtshäuser, denn die knochenreichen Stücke wie Füße und Haxen liefern die meisten Gelierstoffe – und die bringen die Brühe zum Stocken. Übrigens gab es früher an besonderen Tagen auch Sülze mit Karpfen!**

DAS IST *wirklich* WICHTIG

[a] BRÜHE KLÄREN Damit die Sülze schön klar ist, wird sie geklärt. Dafür die Brühe noch einmal aufkochen und das Eiweiß mit dem Schneebesen einrühren. Von der Herdplatte ziehen. Das Eiweiß bindet die festen Bestandteile und sie sinken zum Topfboden. Die klare Brühe können Sie dann mit dem Schöpflöffel abschöpfen und auf die Zutaten im Teller füllen.

KNÖDELSALAT
mit Paprika und Zwiebeln

KNÖDEL MUSS ES BEI EINEM BAYERISCHEN ESSEN IMMER REICHLICH GEBEN. UND AUS DEN WILLKOMMENEN RESTEN MACHT MAN NOCH MAL WAS GANZ FEINES.

Zutaten für 4 Portionen

- 1 gelbe Paprikaschote
- 1 rote oder weiße Zwiebel
- ½ Salatgurke
- 4 gegarte abgekühlte Semmelknödel
- ½ Bund Schnittlauch
- 2 EL heller Essig (z. B. Apfelessig)
- 2 EL Gemüsebrühe
- 2–4 TL scharfer Senf
- Salz, Pfeffer aus der Mühle
- 4 EL neutrales Öl

Zeitbedarf
- 20 Minuten

So geht's

1. Die Paprikaschote waschen, vierteln, putzen und in feine Streifen schneiden. Die Zwiebel schälen, vierteln und ebenfalls in dünne Streifen schneiden. Die halbe Salatgurke waschen oder schälen und der Länge nach durchschneiden. Quer in dünne Scheiben schneiden. Die Knödel ebenfalls in dünne Scheiben schneiden, größere halbieren oder vierteln. Den Schnittlauch waschen, trocken schütteln und in Röllchen schneiden.
2. Den Essig mit der Brühe, dem Senf, Salz und Pfeffer verrühren. Das Öl nach und nach unterschlagen. Die Sauce mit den Knödeln, Paprika, Gurke, Zwiebel und Schnittlauch mischen. Den Salat nochmals abschmecken und servieren.

FISCHSALAT
mit Zwiebeln

DEN GAB ES FRÜHER NACH DEM GROSSEN FISCHESSEN MIT DEN RESTEN VOM KARPFEN ODER ZANDER. MIT FRISCHEM FISCH EBENSO GUT WIE MIT GERÄUCHERTEM.

Zutaten für 4 Portionen

- 500 g Zander-, Lachsforellen- oder Hechtfilet ohne Haut
- ½ l Fischfond
- 2 TL gelbe Senfkörner
- 1 Stück abgeschnittene Bio-Zitronenschale
- 2 Lorbeerblätter
- 2 rote oder weiße Zwiebeln
- Salz
- 1 kleines Bund Dill
- 2 EL heller Essig oder Zitronensaft
- 1 TL scharfer Senf
- ½ TL Zucker
- 2 EL neutrales Öl

Zeitbedarf
- 30 Minuten

So geht's

1. Mit dem Finger über die Fischfilets streifen. Falls Gräten zu spüren sind, diese mit der Pinzette herausziehen.
2. Den Fischfond mit den Senfkörnern, der Zitronenschale und den Lorbeerblättern aufkochen. Die Hitze reduzieren, den Fisch einlegen und zugedeckt bei schwacher Hitze in etwa 10 Minuten darin gar ziehen lassen. Herausheben und lauwarm abkühlen lassen.
3. Inzwischen die Zwiebeln schälen, halbieren und in feine Streifen schneiden. Mit ½ TL Salz mischen. Den Dill waschen und trocken schütteln, die Spitzen abzupfen und fein schneiden. Das Fischfleisch in mundgerechte Stücke zupfen.
4. Vom Fischfond 50 ml abmessen und mit dem Essig oder Zitronensaft, dem Senf und dem Zucker gut verrühren. Das Öl nach und nach unterschlagen. Den Fisch, die Zwiebeln und den Dill locker untermischen, den Salat abschmecken und servieren.

Dazu schmecken Brezen oder Kornspitz, aber auch Bratkartoffeln sind fein.

SO SCHMECKT'S AUCH **Statt dem frisch pochierten auch mal geräucherten Fisch nehmen: gut schmecken Saibling oder Renke, aber auch Forelle. Den Fisch häuten, von den Gräten befreien und ebenfalls in Stücke zupfen.**

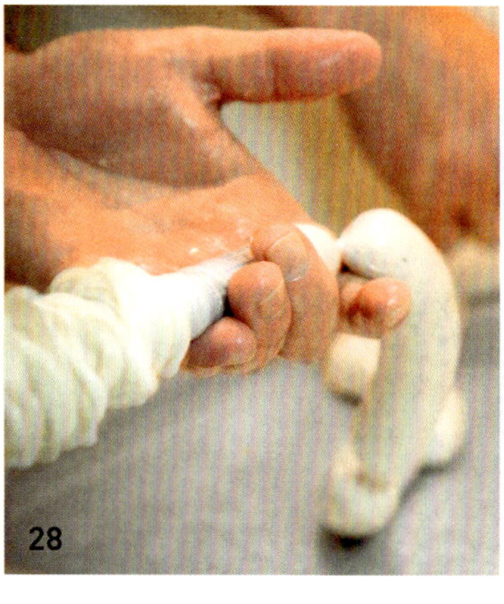

WEISSWURST UND MEHR

aus der bayerischen Wurstküche

MANCHE GENIESSEN SIE SCHON ZUM FRÜHSTÜCK, ANDERE ALS BROTZEIT. DIE BAYERISCHE WURSTKÜCHE HAT EINE GANZE MENGE ZU BIETEN.

WEISSWÜRSTE

Bis heute weiß jedes Kind, dass die Weißwurst das Zwölf-Uhr-Läuten nicht hören darf. Obwohl das aus Zeiten stammt, als die Wurst noch roh verkauft wurde und daher sehr leicht verderblich war. Doch der Reihe nach: Am 22. Februar 1857 soll die Weißwurst im Gasthaus „Zum Ewigen Licht" am Münchner Marienplatz erfunden worden sein. Und zwar vom Metzgermeister Sepp Moser. Der hatte sich das allerdings keineswegs vorgenommen. Nein, ihm gingen schlicht die dünnen Schafsdärme für die Bratwurst aus. Aus der Not heraus behalf er sich mit den dicken Schweinedärmen. Dass so dicke Würste beim Braten leicht aufplatzen wusste er. Und so legte er sie in heißes Wasser statt in die Pfanne. Zu mindestens 51 % besteht die Weißwurst aus Kalbfleisch. Dazu kommen Schweinefleisch, Zwiebel, Petersilie und Gewürze.

WEISSWÜRSTE GENIESSEN

Weißwürste müssen langsam erwärmt werden und dürfen nicht kochen, sonst platzt die Haut auf. Und wie wird die Weißwurst gegessen? Traditionsbewusste schwören aufs „Zuzeln", sie saugen also das Wurstbrät zwischen den Zähnen aus der Haut heraus. Die andere Methode: Die Wurst der Länge nach einschneiden, bis das Messer die untere Hautseite erreicht. Die beiden Hälften mit dem Messer von der Haut trennen – eher schaben als schneiden! Die Hälften in Stücke schneiden.

LEBERKÄSE UND ANDERE SPEZIALITÄTEN

Weder Leber noch Käse enthält eine andere urbayerische Spezialität, der Leberkäse. Die Leber im Namen weist wohl eher auf die Form eines Laibs hin. Und der Käs bezeichnet in Bayern eine kompakte Masse, wie auch im Kartoffelkäs. Frisch gebackener Leberkäse aus Rindfleisch, Schweinebauch und Speck schmeckt in der Semmel oder mit Kartoffelsalat.

Ebenfalls aus dem Fleisch von Kälbern oder jungen Rindern werden Wollwürste gemacht. Dazu kommen Schweinefleisch und -speck, Salz, Pfeffer, Ingwer, Macis, Kardamom und Zitrone. Weil sie ohne Haut zubereitet werden – auch das soll einem Mangel an Därmen geschuldet sein –, heißen sie in Bayern auch Nackerte. Den Namen Gschwollne wiederum verdanken sie der Tatsache, dass sie beim Braten aufgehen, also anschwellen.

Eine oberbayerische Spezialität ist die Milzwurst. Einer Grundmasse, die der der Weißwurst ähnelt, werden zusätzliches Schweinefleisch und Stücke von der Milz beigemischt.

Weißen oder roten Presssack essen die Bayern am liebsten mit Zwiebeln, Essig und Öl angemacht. Hergestellt wird die Spezialität aus Schweinefleisch und gekochten Schwarten, gewürzt wird mit Pfeffer, Macis, Ingwer und Kümmel. Der weiße Presssack wird mit Brühe, der rote mit Schweineblut vermischt, beide werden dann in einen Schweinemagen gefüllt, verschnürt und in Wasser gegart.

[a]

DAS IST *wirklich* WICHTIG

[a] QUITTE VORBEREITEN Von der Frucht den flaumigen Belag mit Küchenpapier abreiben. Quitte mit einem großen Messer vierteln. Das Fruchtfleisch ist wesentlich härter als das eines Apfels. Schneiden Sie das Kerngehäuse von beiden Seiten aus bis zur Mitte ein und heben es dann ab. Quitte schälen und in dickere Spalten schneiden.

[b] SENFKÖRNER EINWEICHEN Damit die Körner (auch in gemahlenem Zustand) ihre Schärfe abgeben, müssen sie mit Flüssigkeit gemischt werden und quellen.

[c] SENF KÜHL LAGERN Der Senf wird zwar bei Zimmertemperatur nicht schlecht, aber er verliert an Schärfe, wenn er zu warm steht. Das ist auch der Grund dafür, dass Senfsaucen weniger scharf sind, je stärker sie erhitzt werden.

SÜSSER QUITTENSENF
fruchtig und pikant

DER IDEALE BEGLEITER FÜR WEISSWÜRSTE UND LEBERKÄSE, ZU DENEN DER BAYER NÄMLICH SÜSSEN SENF MAG. DIESER HIER PASST AUCH WUNDERBAR DAZU.

Zutaten für 3 Gläser

- 1 Quitte (etwa 250 g)
- 1 Zwiebel
- 2 Knoblauchzehen
- je 1 TL Wacholderbeeren und Korianderkörner
- 2 Lorbeerblätter
- ¼ l heller Essig (z. B. Apfel- oder Weißweinessig)
- 2 TL Salz
- 100 g Zucker
- 100 g schwarze Senfkörner
- 100 g gelbes Senfmehl
- 1 ½ EL Honig

besonderes Werkzeug
- 3 Gläser (à ca. 200 ml)

Zeitbedarf
- 35 Minuten + 2 Tage ruhen + 1 Woche ruhen

So geht's

1. Die Quitte mit einem Tuch vom Flaum befreien, vierteln und das Kernhaus aus der Mitte herausschneiden **[→ a]**. Die Viertel schälen und in dicke Scheiben schneiden. Die Zwiebel schälen und in Ringe schneiden, den Knoblauch schälen und halbieren.
2. Die Quitte, die Zwiebel und den Knoblauch mit den Gewürzkörnern und dem Lorbeer, dem Essig und ¼ l Wasser sowie dem Salz erhitzen und offen etwa 15 Minuten bei mittlerer Hitze köcheln lassen.
3. Den Zucker, die Senfkörner und das Senfmehl in einer Schüssel mischen. Den Sud durch ein Sieb dazugießen und unterrühren. Das Ganze zugedeckt etwa 2 Tage stehen lassen **[→ b]**. Die Quittenspalten aus dem Sieb fischen und so lange zugedeckt in den Kühlschrank stellen.
4. Die Quittenspalten mit dem Honig zur Senfmischung geben und alles in der Küchenmaschine oder im Mixer sehr fein durchmixen. Den Senf in die Gläser füllen und mindestens 1 Woche ziehen lassen. Dann im Kühlschrank aufbewahren **[→ c]**.

Die Variante

Hausmachersenf
Den Sud ohne die Quitte zubereiten. Danach mit 100 g gelben Senfkörnern und 100 g gelbem Senfmehl mischen und 2 Tage ruhen lassen. Anschließend mit 1–2 EL Zuckerrübensirup so fein wie möglich pürieren, mit Salz abschmecken und in Gläser füllen.

BLUTWURSTSCHEIBEN
mit Koriander-Quitten

AUSSER DER WEICHEN BLUTWURST, DIE IN WASSER ERHITZT WIRD, GIBT ES AUCH FESTERE SORTEN, DIE MAN BRATEN KANN. FRAGEN SIE IHREN METZGER.

Zutaten für 4 Portionen

- 2 Quitten (etwa 400 g)
- 1 Zwiebel
- 1 TL Korianderkörner
- 3 EL Butter
- 2 EL Zucker
- Salz, Pfeffer aus der Mühle
- 400 g feste, nicht zu dicke Blutwurst
- 2 EL Mehl

Zeitbedarf

- 40 Minuten

So geht's

1. Die Quitten mit einem Tuch abreiben, vierteln, vom Kerngehäuse befreien und schälen. In dünne Schnitze schneiden. Die Zwiebel schälen, vierteln und in Streifen schneiden. Den Koriander im Mörser zerstoßen.
2. In einem Topf 1 EL Butter erhitzen, den Zucker und den Koriander einrühren und unter Rühren bei mittlerer Hitze schmelzen lassen. Die Quitten und die Zwiebel dazugeben und kurz andünsten. Mit 100 ml Wasser ablöschen, mit Salz und Pfeffer abschmecken und zugedeckt bei schwacher Hitze in etwa 10 Minuten weich dünsten. Abschmecken und abkühlen lassen.
3. Die Blutwurst eventuell häuten und in gut 1 cm dicke Scheiben schneiden. Das Mehl in einen Teller schütten und die Wurstscheiben darin wenden. Die übrige Butter in einer Pfanne erhitzen. Die Blutwurstscheiben darin bei mittlerer Hitze pro Seite etwa 1 Minute braten. Mit den Koriander-Quitten servieren.

Dazu schmecken außerdem Bratkartoffeln und Feld- oder Gurkensalat oder einfach nur Brot.

Die Variante

Panierte Milzwurst mit Apfel-Pfeffer-Mus
2 säuerliche Äpfel schälen und in Schnitze schneiden. 2 TL zerdrückte Pfefferkörner mit 1 EL Zucker in 1 EL Butter andünsten. Äpfel und 100 ml Apfelsaft dazugießen. Zugedeckt bei schwacher Hitze etwa 10 Minuten dünsten. Mit Salz und 1 Prise gemahlenem Kümmel würzen. Auf je 1 Teller 50 g Mehl, 2 verquirlte Eier und 100 g Semmelbrösel verteilen. 4 dicke Scheiben Milzwurst im Mehl, dann in den Eiern und zuletzt in den Bröseln wenden. In 100 g heißem Butterschmalz bei mittlerer Hitze pro Seite etwa 2 Minuten braten. Mit dem Mus servieren.

DAS IST *wirklich* WICHTIG

[a] LEBER PUTZEN Meist wird Leber schon vom Metzger sehr gut vorbereitet. Schneiden Sie aber für die Knödel auch die feinen Häute und vor allem die Röhren heraus.

LEBERKNÖDELSUPPE
mit Schnittlauchröllchen

INNEREIEN HATTEN FRÜHER EINEN FESTEN PLATZ AUF DER SPEISEKARTE BAYERISCHER WIRTSHÄUSER – AUCH LEBER IN VIELERLEI ZUBEREITUNGEN.

Zutaten für 4 Portionen

- 250 g Knödelbrot
- 150 ml lauwarme Milch
- 1 Zwiebel
- je 1 Stängel Liebstöckel und Majoran
- ¼ Bund Petersilie
- ½ EL Butter
- 250 g Kalbsleber
- 2 Eier (Größe M)
- Salz, Pfeffer aus der Mühle
- je 1 Prise geriebene Muskatnuss, Koriander und Kümmel
- gut 1 l gute Fleischbrühe (siehe Seite 78, Tellerfleisch)
- 1 Bund Schnittlauch

Zeitbedarf
- 45 Minuten

So geht's

1. Das Knödelbrot mit der Milch begießen und weich werden lassen. Die Zwiebel schälen und fein würfeln. Die Kräuter waschen und trocken schütteln, von den Stielen zupfen und fein hacken.
2. Die Butter in einem Topf oder in einer Pfanne zerlassen. Die Zwiebel darin bei schwacher Hitze in etwa 5 Minuten glasig und fast weich dünsten. Kräuter zugeben und nur zusammenfallen lassen. Topf von der Herdplatte ziehen.
3. Die Leber putzen **[→ a]** und klein würfeln, dann in der Küchenmaschine oder im Blitzhacker fein zerkleinern. Die Zwiebelmischung und die Leber mit den Eiern zum Knödelbrot geben, alles mit Salz, Pfeffer, Muskat, Koriander und Kümmel kräftig würzen und gründlich durchkneten. Aus der Masse mit feuchten Händen etwa 8 Knödel formen.
4. Die Brühe in einem Topf erhitzen. Die Knödel einlegen und bei schwacher Hitze in etwa 15 Minuten gar ziehen lassen. Den Schnittlauch waschen, trocken schütteln und in feine Röllchen schneiden. Die Brühe abschmecken, mit den Knödeln in Suppenteller füllen und mit dem Schnittlauch bestreut servieren.

Die Variante

Leberspätzlesuppe
125 g Kalbsleber putzen und fein zerkleinern. 1 kleine Zwiebel schälen und reiben. ¼ Bund Petersilie waschen und die Blättchen fein hacken. Diese Zutaten mit 1 Ei, 4 EL Milch und 40 g Semmelbröseln verrühren, mit Salz, Pfeffer und Muskat abschmecken und 15 Minuten quellen lassen. 1 l Fleischbrühe aufkochen und die Lebermasse durch den Spätzlehobel hineinschaben. Bei schwacher Hitze in etwa 5 Minuten gar ziehen lassen.

KRÄUTLSUPPE
mit Brotbröckerln

EINE TRADITIONELLE BAYERISCHE SUPPE FÜR DEN GRÜNDONNERSTAG, DIE AUCH IN DER FASTENZEIT GENUSS VERSPRICHT UND DEN FRÜHLING ANKÜNDIGT.

Zutaten für 4 Portionen

- 100 g Kerbel
- je 1 großes Bund Petersilie und Dill oder gemischte Kräuter
- 1 Zwiebel
- 3 EL Butter
- 20 g Mehl (2 EL)
- gut 1 l Gemüse- oder Fleischbrühe
- 1 Semmel oder 2 Scheiben Toastbrot
- Salz
- 100 g Sahne
- Pfeffer aus der Mühle

Zeitbedarf
- 25 Minuten

So geht's

1. Die Kräuter waschen, trocken schütteln, von dicken Stielen befreien und fein hacken. Etwa 1 EL zugedeckt beiseitestellen. Die Zwiebel schälen und sehr fein hacken.
2. In einem Suppentopf 2 EL Butter zerlassen, die Zwiebel darin andünsten. Das Mehl darüberstäuben und unter Rühren hellgelb anschwitzen. Die Brühe unter kräftigem Schlagen dazugießen und die Suppe offen bei mittlerer Hitze etwa 10 Minuten köcheln lassen.
3. Inzwischen die Semmel oder das Toastbrot in Würfel schneiden. Die restliche Butter in einem Pfännchen zerlassen und die Semmel- oder Brotwürfel darin bei mittlerer Hitze unter Rühren knusprig braten. Leicht salzen.
4. Die Kräuter und die Sahne unter die Suppe rühren. Mit Salz und Pfeffer würzen und auf Teller verteilen. Die beiseitegelegten Kräuter und die Brotwürfel aufstreuen.

SO SCHMECKT'S AUCH **Statt Kerbel, Dill und Petersilie schmecken auch Sauerampfer (in kleinen Mengen), Brunnenkresse, Brennnesseln und zarte Löwenzahnblätter sehr gut in der Suppe. Auch Rucola können Sie verwenden.**

GERÖSTETE BREZENSUPPE
mit Zwiebeln

DAFÜR LÄSST MAN BREZEN GERNE MAL BIS ZUM NÄCHSTEN TAG ÜBRIG. SCHNELL GEMACHT UND FEIN IST DIESE SUPPE, DIE AUCH MIT BAUERNBROT SCHMECKT.

Zutaten für 4 Portionen

- 4 altbackene Brezen (vom Vortag)
- 4 mittelgroße Zwiebeln
- 2 EL Butterschmalz
- 1 TL Mehl
- ½ TL gemahlener Kümmel
- 1 TL edelsüßes Paprikapulver
- 1 l gute Fleischbrühe (siehe Seite 78, Tellerfleisch)
- 1 Bund Schnittlauch
- 4 EL saure Sahne
- Salz, Pfeffer aus der Mühle

Zeitbedarf
- 30 Minuten

So geht's

1. Die Brezen in dünne Scheiben schneiden. Die Zwiebeln schälen, halbieren und in Streifen schneiden.
2. Im Suppentopf 1 EL Schmalz erhitzen, die Brezenscheiben darin unter Rühren schön knusprig braten, in eine Suppenschüssel geben.
3. Das restliche Schmalz im Topf zerlassen. Die Zwiebeln dazugeben und bei mittlerer Hitze unter Rühren etwa 5 Minuten andünsten. Das Mehl, den Kümmel und das Paprikapulver darüberstäuben und anschwitzen. Mit der Brühe ablöschen. Die Brühe aufkochen und die Suppe zugedeckt bei schwacher Hitze etwa 10 Minuten köcheln lassen.
4. Den Schnittlauch waschen und trocken schütteln, in feine Röllchen schneiden. Mit der sauren Sahne mischen und mit Salz und Pfeffer würzen. Die Suppe ebenfalls mit Salz und Pfeffer würzen und über die Brezen in der Schüssel gießen. Kurz stehen lassen, dann auf Suppenteller verteilen und jeweils mit etwas Schnittlauchsahne garnieren.

HOCHZEITSSUPPE

mit drei Schmankerln

DIESE SUPPE SOLLTE FRÜHER DEN WOHLSTAND DER BRAUTELTERN DEMONSTRIEREN, ABER AUCH DEN BRAUTLEUTEN EIN SORGENFREIES LEBEN SICHERN.

Zutaten für 4 Portionen

Für die Pfannkuchen

- 3 Stängel Petersilie
- 100 g Mehl, 100 ml Milch
- 1 Ei, 1 Eigelb
- Salz, Pfeffer aus der Mühle
- 2 EL Butterschmalz zum Braten

Für die Grießnockerl

- 30 g weiche Butter
- Salz, Pfeffer aus der Mühle
- frisch geriebene Muskatnuss
- 1 Eigelb, 50 g Hartweizengrieß

Für die Brätnockerl

- ¼ Bio-Zitrone, 20 g Butter
- 125 g Kalbsbrät (vorbestellen)
- 1 EL Semmelbrösel
- Salz, Pfeffer aus der Mühle

Außerdem

- gut 1 l gute Fleischbrühe
- 1 Bund Schnittlauch

Zeitbedarf

- 1 ¼ Stunden

So geht's

1. Für die Pfannkuchen die Petersilie waschen und trocken schütteln. Die Blättchen abzupfen und fein hacken. Das Mehl mit der Milch, dem Ei, dem Eigelb, Salz und Pfeffer zu einem dünnflüssigen Teig verrühren [→ a]. Den Teig bei Zimmertemperatur 30 Minuten ruhen lassen, dann die Petersilie untermischen.
2. In einer Pfanne etwas Butterschmalz erhitzen, 1 Schöpflöffel Teig darin verteilen [→ b] und etwa 1 Minute backen. Wenden und noch einmal so lange backen. Aus dem Teig nach und nach etwa 5 Pfannkuchen backen und abkühlen lassen.
3. Für die Grießnockerl die Butter mit Salz, Pfeffer und Muskat mit dem Schneebesen leicht schaumig rühren. Das Eigelb und den Grieß gründlich unterrühren und die Mischung 15 Minuten stehen lassen.
4. Für die Brätnockerl das Zitronenviertel heiß waschen und trocken tupfen. Die Schale fein abreiben. Die Butter schaumig rühren und das Brät, die Semmelbrösel und die Zitronenschale unterrühren. Masse mit Salz und Pfeffer abschmecken.
5. Die Brühe zum Kochen bringen. Die Grießmasse zu Nockerl abstechen [→ c] und in die leise siedende Brühe geben. Etwa 5 Minuten darin ziehen lassen. Dann die Brätnockerl abstechen und ebenfalls in die Brühe geben. Beides noch einmal etwa 8 Minuten garen.
6. Inzwischen die Pfannkuchen aufrollen und in dünne Streifen schneiden. In eine Suppenterrine geben und die heiße Suppe mit den Nockerl daraufgeben. Den Schnittlauch waschen und trocken schütteln. In feine Röllchen schneiden und auf die Suppe streuen.

DAS IST *wirklich* WICHTIG

[a] DIE RICHTIGE KONSISTENZ Pfannkuchenteig ist ziemlich dünnflüssig. Er fließt in einem geraden Strahl vom Schöpflöffel zurück in die Rührschüssel.

[b] PFANNKUCHEN BACKEN Gießen Sie einen Schöpflöffel voll Teig in die Pfanne. Die Pfanne dann leicht schräg halten und so drehen, dass sich der Teig dünn in der gesamten Pfanne verteilt.

[c] NOCKERL ABSTECHEN Sowohl die Grießnockerl als auch die Brätnockerl sollen eher klein sein. Nehmen Sie mit einem Teelöffel etwas Masse ab, legen Sie einen zweiten Teelöffel mit der offenen Seite nach unten darauf. Fahren Sie damit mit einer leichten Drehung unter die Nockerlmasse und heben sie vom unteren Löffel ab. Diesen Vorgang wiederholen, bis die Nockerl schön glatt sind.

DAS IST *wirklich* WICHTIG

[a] KARTOFFELN RASPELN Die Kartoffeln schälen und waschen. Reiben Sie sie dann über die feine Raspel der Rohkostreibe. Dass sich die Kartoffeln nach dem Zerkleinern gleich bräunlich verfärben, macht nichts. Sie werden beim Anbraten wieder heller.

[b] SPECK BRATEN Rühren Sie den Speck mit den Zwiebeln bei schwacher bis mittlerer Hitze durch, bis etwas Speckfett austritt und der Speck glasig aussieht. Erst dann die Hitze etwas erhöhen und den Speck leicht knusprig werden lassen. Nicht zu stark erhitzen, sonst verbrennen die Zwiebeln und schmecken bitter.

[b]

KARTOFFELSUPPE
mit Buttermilch und Speckzwiebeln

IN BAYERN IST KARTOFFELSUPPE MEIST SÄMIG UND WIRD MIT WIENER WÜRSTCHEN ODER SCHINKEN SERVIERT. DIESE VERSION SCHMECKT FEIN SÄUERLICH.

Zutaten für 4 Portionen

- 350 g mehligkochende Kartoffeln
- 1 l Fleisch- oder Gemüsebrühe
- 100 g durchwachsener Räucherspeck
- 1 Zwiebel
- 1 TL Butter
- 250 g Buttermilch
- 1 TL Speisestärke
- 1 Bund Schnittlauch
- Salz, Pfeffer aus der Mühle

Zeitbedarf

- 30 Minuten

So geht's

1. Die Kartoffeln schälen, waschen und fein reiben [→ a]. Die Brühe zum Kochen bringen, die Kartoffeln hineingeben und bei halb aufgelegtem Deckel bei schwacher Hitze etwa 15 Minuten darin kochen lassen.
2. Inzwischen den Speck von der Schwarte befreien und würfeln. Dabei alle Knorpel entfernen. Die Zwiebel schälen und sehr fein würfeln. Beides mit der Butter in einer kleinen Pfanne erhitzen und bei mittlerer Hitze erst glasig, dann leicht braun werden lassen [→ b].
3. Die Buttermilch und die Speisestärke mit dem Schneebesen verrühren. Den Schnittlauch waschen, trocken schütteln und in feine Röllchen schneiden.
4. Die Buttermilch unter die Kartoffelsuppe rühren und einmal aufkochen lassen. Die Suppe mit Salz und Pfeffer abschmecken und auf Suppenteller verteilen. Etwas Speckzwiebeln und Schnittlauch auf jede Portion geben und die Suppe gleich servieren.

Die Variante

Bauernsuppe
1 Zwiebel schälen und fein hacken, 300 g Spitz- oder Weißkrautblätter in Streifen schneiden. 250 g vorwiegend festkochende Kartoffeln schälen, waschen und würfeln. 100 g Räucherspeck würfeln und mit der Zwiebel in 1 EL Butter glasig dünsten. 1 l Fleischbrühe angießen und aufkochen. Kraut und Kartoffeln dazugeben und alles zugedeckt bei schwacher Hitze in 10–15 Minuten weich garen. 200 ml Milch oder Buttermilch untermischen. Suppe mit gemahlenem Kümmel, Salz und Pfeffer abschmecken. Mit Schnittlauch oder Petersilie bestreuen.

KARTOFFELN & GEMÜSE

Vom Feld und aus dem Garten

GANZ SCHÖN ABWECHSLUNGSREICH, WAS DA IN SACHEN FELDFRÜCHTE AUF DEN TELLER KOMMT – VOM KRAUT-STRUDEL ÜBER SCHUPFNUDELN UND KARTOFFELSALAT BIS ZU BREZEN-KNÖDELN MIT RAHMSCHWAMMERLN. EINFACH GUT!

Hopfen

Alpkäse

MÜNCHNER VIKTUALIENMARKT
mehr als weiß-blaue Gaumenfreuden

GETREIDE FÜRS TÄGLICHE BROT, FRISCHES GEMÜSE UND ANDERE LANDWIRTSCHAFTLICHE ERZEUGNISSE KAUFTEN DIE MÜNCHNER FRÜHER AM MARKT- ODER SCHRANNENPLATZ, WIE DER MARIENPLATZ BIS 1854 HIESS.

DER STANDPLATZ WIRD VERLEGT

Bald wurde der Marktplatz für den wachsenden Bedarf der Münchner Bevölkerung zu klein. König Max I. Joseph beschloss daher im Jahr 1807, zumindest einen Teil des Marktes wenige Meter weiter stattfinden zu lassen. Zwischen Heilig-Geist-Kirche und Frauenstraße riss man zu diesem Zweck einige Häuser ab und der Kräutlmarkt wurde dorthin verlegt. Bald darauf reichte auch das nicht mehr aus, das Heilig-Geist-Spital musste weichen und die Marktfläche wuchs beständig weiter. Die Schrannenhalle wurde als Vorgängerin der Großmarkthalle an der Blumenstraße gebaut, der Fischmarkt Richtung Westenriederstraße verlegt und die Geflügelhändler ganz in die Nähe an den sogenannten Ganserlmarkt, wo noch heute viele Verkaufsstände für Hühner und Co. zu finden sind.

1870 wurden die ersten festen Standl (Stände) errichtet und bereits im Jahr 1890 hatte der Markt die Ausmaße von heute erreicht. Und seinen endgültigen Namen bekommen – Viktualienmarkt vom lateinischen victus für Lebensmittel.

SPEZIALFALL METZGER

Schon Ende des 14. Jahrhunderts boten die Metzger ihre Waren außerhalb der Stadtmauern an, in hölzernen Hütten am sogenannten Petersbergl. Hier konnten die Abwässer mitsamt dem Blut der Tiere gut abfließen. Kaum vorstellbar, aber früher flossen sieben kleine Bäche über das heutige Marktareal. Arnold Zenetti (Architekt und Baubeamter) baute 1881 eine Zeile mit Metzgerläden, die bis heute dort angesiedelt sind, zwischendurch aber natürlich renoviert wurden.

DAS BILD VON HEUTE

Im zweiten Weltkrieg litt der Viktualienmarkt großen Schaden, die Schrannenhalle brannte teilweise ab und zwischenzeitlich war sogar die Rede davon, den Markt zu schließen. Doch die Münchner konnten aufatmen. Der Markt wurde saniert, 2005 eröffnete auch die Schrannenhalle wieder ihre Pforten, wenn auch nicht mehr als Großmarkthalle, sondern als Veranstaltungshalle mit allerlei Gastronomie. Seit der Schließung im März 2011 ist die Rede davon, dass sie künftig wieder als Markthalle dienen soll.

Auf einer Fläche von 22000 qm wird heute auf dem Viktualienmarkt von Montag bis Samstag nicht nur Bayerisches angeboten. Italienische Feinkost neben spanischer, Exoten neben Oliven und türkischen Vorspeisen, Käse aus aller Welt neben Wein und Säften. Nichts, was es hier nicht gibt. Zwischen den gusseisernen Figuren der Münchner Originale Karl Valentin, Liesl Karlstadt und Weiß Ferdl führen am Faschingsdienstag die Marktweiber ihren traditionellen Tanz auf.

KRAUTSTRUDEL
mit Schnittlauch-Meerrettich-Creme

HAUCHDÜNNER TEIG MIT SAFTIGER FÜLLUNG – STRUDEL GIBT ES IN BAYERN NICHT NUR SÜSS, SONDERN AUCH DEFTIG: MIT KRAUT, GEMÜSE ODER KARTOFFELN.

Zutaten für 4 Portionen

Für den Teig

- 250 g Mehl, 1 Prise Salz
- 2 EL neutrales Öl, 1 Ei
- 50 g zerlassene Butter

Für die Füllung

- 1 Spitz- oder Weißkraut (1,2 kg)
- 100 g durchwachsener Räucherspeck, 1 Zwiebel
- 1 Bund Petersilie, 1 EL Butter
- ⅛ l Gemüse- oder Fleischbrühe
- Salz, Pfeffer, edelsüßes Paprikapulver, 1 TL Kümmelsamen
- 200 g saure Sahne

Für die Creme

- frischer Meerrettich
- 1 Bund Schnittlauch
- 300 g saure Sahne
- Salz, Pfeffer, 1 Prise Zucker

Zeitbedarf

- 1 Stunde 10 Minuten + 45 Minuten backen

So geht's

1. Das Mehl mit dem Salz mischen. Das Öl, das Ei und zunächst 80 ml lauwarmes Wasser dazugeben und alles so lange kräftig kneten, bis ein glatter, geschmeidiger und seidig glänzender Teig entsteht **[→ a]**.
2. Den Teig zur Kugel formen, in Butterbrotpapier wickeln und im heißen Topf 30 Minuten ruhen lassen **[→ b]**.
3. Inzwischen für die Füllung den Kohl putzen, waschen, vierteln und vom Strunk befreien. In dünne Streifen schneiden. Den Speck klein würfeln, die Zwiebel schälen und hacken. Die Petersilie waschen und trocken schütteln, die Blätter abzupfen und hacken. Butter zerlassen, Speck und Zwiebel darin andünsten. Kraut zugeben, mit der Brühe ablöschen und zugedeckt bei mittlerer Hitze 5 Minuten garen. Die Petersilie untermischen, mit Salz, Pfeffer, Paprikapulver und Kümmel würzen und abkühlen lassen.
4. Den Backofen auf 200 °C (Ober- und Unterhitze; Umluft 180 °C) vorheizen. Das Backblech mit Backpapier auslegen.
5. Den Strudelteig halbieren und jede Hälfte auf einem frischen Küchentuch zuerst ausrollen, dann über den Handrücken so dünn wie möglich ausziehen **[→ c + d]**. Mit flüssiger Butter bestreichen. Die Krautfüllung auf den Teigstücken verteilen und mit Klecksen von saurer Sahne belegen, jeweils einen gut 1 cm breiten Rand frei lassen. Die Ränder nach innen klappen, die Strudel aufrollen und auf das Blech gleiten lassen.
6. Strudel mit flüssiger Butter bestreichen und im heißen Ofen (Mitte) etwa 45 Minuten backen, bis sie schön gebräunt sind.
7. Inzwischen für die Creme den Meerrettich schälen und fein reiben. Den Schnittlauch waschen und in Röllchen schneiden. Die saure Sahne mit dem Meerrettich, Schnittlauch, Salz, Pfeffer und Zucker verrühren. Den Strudel in Stücke schneiden und mit der Schnittlauch-Meerrettich-Creme servieren.

DAS IST *wirklich* WICHTIG

[a] DIE RICHTIGE KONSISTENZ Vermischen Sie alle Zutaten zuerst in der Schüssel. Dann auf der leicht bemehlten Arbeitsfläche so lange kräftig durchkneten, bis der Teig glänzt wie frisch eingecremte Haut. Falls nötig, etwas Wasser zugeben.

[b] WARM RUHEN LASSEN In einem Topf Wasser zum Kochen bringen. Das Wasser abgießen und den warmen Topf auf ein Küchenbrett stellen. Wickeln Sie den Teig in Butterbrotpapier und legen ihn in den Topf. Deckel auflegen und den Teig 30 Minuten ruhen lassen.

[c] TEIG AUSROLLEN Nach dem Ruhen ist der Teig leicht klebrig. Mischen Sie aber kein weiteres Mehl unter, sondern bemehlen Sie lediglich Hände, Nudelholz und ein frisches Küchentuch. Den Teig halbieren, eine Hälfte wieder in den Topf legen. Die andere Hälfte auf dem Küchentuch zunächst in alle Richtungen so dünn wie möglich zu einem Rechteck ausrollen.

[d] TEIG AUSZIEHEN Wenn sich der Teig nicht mehr dünner ausrollen lässt, fahren Sie mit den Handrücken unter den Teig und ziehen ihn von der Mitte nach außen vorsichtig über die Handrücken, bis er so dünn ist, dass man das Muster des Küchentuchs durchscheinen sieht.

DAS IST *wirklich* WICHTIG

[a] SPARGEL SCHÄLEN Brausen Sie die Spargelstangen mit kaltem Wasser gründlich ab. Die Stangen dann einzeln flach in die Handfläche legen und ca. 1 cm unterhalb der Spargelspitze mit dem Schälen beginnen. Schälen Sie im oberen zarten Teil der Stange etwas dünner, im unteren etwas großzügiger. Zum Schluss die Enden abschneiden.

[b] PFANNKUCHEN BACKEN Etwas Butterschmalz in der Pfanne zerlassen. Nehmen Sie 1 Schöpflöffel Teig und gießen ihn in die Pfanne. Die Pfanne leicht schräg halten und so drehen, dass sich der Teig in der gesamten Pfanne verteilt. Ca. 1 Minute backen, bis er auch an der Oberfläche nicht mehr feucht ist. Umdrehen und noch einmal so lange backen.

[a]

SPARGEL MIT EIERSAUCE
und Kräuterpfannkuchen

EIN FESTESSEN, WENN IM FRÜHLING DER ERSTE HEIMISCHE SPARGEL AUS SCHROBENHAUSEN AUF DEN BAYERISCHEN MÄRKTEN ANGEBOTEN WIRD.

Zutaten für 4 Portionen

Für die Pfannkuchen

- 300 g Mehl
- Salz
- 600 ml Milch
- 4 Eier (Größe M)
- 1 Bund gemischte Kräuter (z. B. für Kräutersuppe oder -sauce)
- 2 EL Butterschmalz zum Braten

Für die Eiersauce

- 4 Eier (Größe M)
- 1 Bund Schnittlauch
- 250 g saure Sahne
- 1 TL mittelscharfer Senf
- Salz, Pfeffer aus der Mühle

Außerdem

- 1,5 kg weißer Spargel
- Salz

Zeitbedarf

- 1 ¼ Stunden

So geht's

1. Das Mehl mit 1 kräftigen Prise Salz mischen. Die Milch und die Eier mit dem Schneebesen gründlich untermischen. Den ziemlich dünnflüssigen Teig etwa 30 Minuten stehen lassen.
2. Inzwischen für die Eiersauce die Eier in 8 Minuten in kochendem Wasser hart kochen, kalt abschrecken und abtropfen lassen. Den Schnittlauch waschen, trocken schütteln und in Röllchen schneiden. Die Eier schälen und klein würfeln. Die saure Sahne mit dem Senf verrühren. Eier und Schnittlauch untermischen und die Sauce mit Salz und Pfeffer abschmecken.
3. Den Spargel waschen und schälen [→ a]. Für die Pfannkuchen die Kräuter waschen und trocken schütteln. Die Blättchen abzupfen und fein hacken, unter den Pfannkuchenteig rühren.
4. Etwas Butterschmalz in einer Pfanne zerlassen und 1 Schöpflöffel Teig darin verteilen und backen [→ b]. Auf diese Weise ca. 6 Pfannkuchen backen. Die fertigen Pfannkuchen im Backofen bei 70 °C warm halten.
5. Gleichzeitig für den Spargel reichlich Wasser zum Kochen bringen und salzen. Den Spargel darin in 12–15 Minuten bissfest kochen. Den Spargel mit einem Schaumlöffel aus dem Garsud heben und abtropfen lassen. Mit den Pfannkuchen und der Eiersauce servieren.

Dazu schmecken außerdem neue Kartoffeln und zerlassene, leicht gebräunte Butter.

SPARGEL IM BIERTEIG
mit Gurkenremoulade

DAS AUSBACKEN VON GEMÜSE UND FRÜCHTEN IST IN BAYERN SEHR BELIEBT. UND: IST DAS FETT HEISS GENUG, IST DAS KEINE FETTE, SONDERN EINE FEINE SACHE.

Zutaten für 4 Portionen

Für den Teig

- 200 g Mehl, Salz
- ¼ l dunkles Bier, 2 Eier (Größe M)

Für die Remoulade

- 1 Ei (Größe M), 1 kleine Gurke
- 2 Gewürzgurken, 2 TL Kapern
- 1 kleine milde weiße Zwiebel
- ½ Bund Dill
- je 1 TL scharfer und süßer Senf
- 1 TL Zitronensaft
- 75 g Mayonnaise
- 150 g saure Sahne
- Salz, Pfeffer aus der Mühle

Außerdem

- 1,5 kg weißer Spargel
- 750 g Ausbackfett oder ¾ l neutrales Öl
- Zitronenschnitze

Zeitbedarf

- 50 Minuten

So geht's

1. Das Mehl mit 1 TL Salz mischen, das Bier und die Eier zu einem eher dickflüssigen Teig unterrühren [→ a]. Den Teig etwa 30 Minuten quellen lassen.
2. Inzwischen für die Remoulade das Ei in etwa 8 Minuten hart kochen. Die Gurke schälen und der Länge nach halbieren. Die Kerne mit einem Löffel herauskratzen und die Gurkenhälften in kleine Würfel schneiden. Die Gewürzgurken und die Kapern ebenfalls klein würfeln. Die Zwiebel schälen und fein hacken. Den Dill waschen und trocken schütteln. Die Spitzen abzupfen und fein schneiden.
3. Das gekochte Ei schälen und halbieren. Das Eigelb herauslösen und mit einer Gabel zerdrücken. Mit dem Senf und dem Zitronensaft verrühren, die Mayonnaise und die saure Sahne unterrühren. Das Eiweiß klein würfeln und mit den Gurken, der Zwiebel und dem Dill unterrühren. Mit Salz und Pfeffer abschmecken.
4. Den Spargel waschen, schälen und die harten Enden abschneiden. Die Stangen in etwa 3 cm lange Stücke schneiden.
5. Das Fett in einem weiten Topf erhitzen [→ b]. Den Teig noch einmal durchrühren. Den Spargel portionsweise unter den Teig mischen, mit einer Gabel herausheben und im heißen Fett 3–4 Minuten frittieren, bis der Teig schön gebräunt ist. Mit einem Schaumlöffel herausheben und auf einer dicken Lage Küchenpapier entfetten. Wenn der gesamte Spargel frittiert ist, mit der Gurkenremoulade und Zitronenschnitzen servieren.

Dazu schmeckt außerdem Kopfsalat.

DAS IST *wirklich* WICHTIG

[a] TEIGKONSISTENZ Ausbackteig soll glatt und sämig sein, aber so dickflüssig, dass er nicht gleich vom Spargel abrutscht, sondern dünn an den Gemüsestücken haften bleibt.

[b] DIE PERFEKTE HITZE Das Fett muss heiß genug sein, damit der Teig nicht zu viel davon aufsaugt. Halten Sie zum Test einen hölzernen Kochlöffelstiel ins heiße Fett. Wenn sich sofort viele kleine Bläschen um den Stiel herum bilden, ist es heiß genug. Wer ein Digitalthermometer besitzt: 160–170 °C heiß soll das Fett sein.

SPARGEL
Ein königliches Gemüse

FLACHE LANDSCHAFTSSTRICHE UND SANFTE HÜGEL – AUCH DAS HAT OBERBAYERN ZU BIETEN. IM STÄDTEDREIECK ZWISCHEN MÜNCHEN, AUGSBURG UND INGOLSTADT WIRD IN DER GEGEND VON SCHROBENHAUSEN SEIT 1913 IN GRÖSSEREM STIL SPARGEL ANGEBAUT.

Zwar lieferte der Graf von Sandizell schon im Jahr 1856 das Edelgemüse an die herrschaftlichen Häuser Münchens. Doch es musste ein Rheinhesse kommen, um das Geschäft mit den wertvollen Stangen wirklich anzukurbeln: 1913 legte der Bauernsohn Christian Schadt die ersten Spargelfelder an. Weitere zehn Jahre zogen ins Land, bis sich auch Einheimische davon überzeugen ließen, dass sich die Region mit ihren sandigen Tertiärböden perfekt für den Anbau des Gemüses eignet. Kräftig im Geschmack und mit einem nussigen Aroma ist Schrobenhausener Spargel. Heute sind um die 600 Spargelanbauer im Schrobenhausener Land zwischen Aichach und der Hallertau von April bis Juni täglich auf insgesamt 600 ha Land mit der Spargelernte beschäftigt. Ein Drittel der bayerischen Spargelproduktion kommt von hier – dem größten zusammenhängenden Anbaugebiet des Bundeslandes.

DIE ERNTE

Spargel gehört zur Familie der Liliengewächse und ist eine mehrjährige Staudenpflanze. Bei den essbaren Spargelstangen handelt es sich um die Sprossen (Triebe), die der Wurzelstock im Frühjahr produziert. Wenn diese Sprossen etwa 20 cm lang sind, werden sie gestochen. Damit der weiße Spargel auch so schön bleich bleibt, häufen die Spargelbauern Erdwälle über den Pflanzen auf. Das macht das Ernten zu einer aufwendigen Sache. Der erfahrene Spargelernter erkennt an einem kleinen Erdhügel oder an feinen Rissen in der Erdoberfläche, dass die Stange kurz vorm Durchbruch steht. Die Erde muss nun rundherum vorsichtig entfernt und die Stange mit einem speziellen langen Messer gestochen werden. Der Spargelernter schiebt die Erde anschließend zurück und muss sie mit einer Kelle wieder gut glatt streichen, damit die nächste Stange sich ebenfalls rechtzeitig bemerkbar machen kann.

SAISONGEMÜSE

Etwa 100 Tage braucht die Pflanze vom Austreiben bis zur Ernte. Lässt man der Natur ihren Lauf, wird der erste Spargel Ende April/ Anfang Mai geerntet. Traditionell endet die Saison am 24. Juni. Dann, an Johanni, heißt es: „Kirschen rot, Spargel tot."

Heute, wo es mit der Geduld bei vielen nicht mehr weit her ist, hat sich die Saison um etwa einen Monat nach vorne verschoben. Manche Bauern helfen mit Heizspiralen im Boden nach, andere halten sich an die klassische Methode und decken die Erde mit Folie ab.

[b]

DAS IST *wirklich* WICHTIG

[a] KARTOFFELN PRESSEN Die Kartoffeln werden heiß geschält und gleich durch die Kartoffelpresse gedrückt. Keinesfalls pürieren! Sonst werden sie wie Kleister.

[b] SCHUPFNUDELN FORMEN Die aus Kartoffelteig geformten Rollen etwas flach drücken, dann etwa 1 cm breite Stücke abschneiden. Die Stücke zwischen den bemehlten Händen rund rollen, dabei an den Enden dünner und leicht spitz formen.

[c] SCHUPFNUDELN GAREN Die Schupfnudeln in einen großen Topf mit reichlich kochendem Salzwasser gleiten lassen. So lange darin gar ziehen lassen, bis sie an die Oberfläche steigen. Mit dem Schaumlöffel herausheben und abtropfen lassen. Wenn Sie die Nudeln nicht gleich braten, schrecken Sie sie kurz kalt ab.

SCHUPFNUDELN *mit Sauerkaut*

INNEN SAFTIG UND AUSSEN KNUSPRIG SIND DIESE KARTOFFELNUDELN, ÜBER DEREN URSPRUNG SICH SCHWABEN, ÖSTERREICHER UND BAYERN STREITEN.

Zutaten für 4 Portionen

Für die Schupfnudeln

- 800 g vorwiegend festkochende Kartoffeln
- 150 g Mehl
- 1 Ei (Größe M)
- 1 Eigelb, Salz
- 2 EL Butterschmalz

Für das Sauerkraut

- 500 g Sauerkraut
- 50 g durchwachsener Räucherspeck
- 1 Zwiebel
- 1 EL Butter und Öl
- 2 TL Kümmelsamen
- ¼ l Gemüse- oder Fleischbrühe
- Salz
- 1 Prise Zucker

besonderes Werkzeug
- Kartoffelpresse

Zeitbedarf
- 1 ½ Stunden

So geht's

1. Die Kartoffeln in der Schale in 20 – 30 Minuten nicht zu weich kochen. Abgießen und kurz ausdampfen lassen. Schälen und durchpressen [→ a], dann lauwarm abkühlen lassen.
2. Inzwischen das Sauerkraut etwas zerpflücken. Den Speck klein würfeln. Die Zwiebel schälen und fein hacken. Butter und Öl erhitzen, Speck und Zwiebel darin mit dem Kümmel andünsten. Das Kraut dazugeben. Mit Brühe ablöschen, mit Salz und Zucker abschmecken und zugedeckt bei schwacher Hitze in 50 – 60 Minuten weich garen. Ab und zu rühren, bei Bedarf etwas Flüssigkeit angießen.
3. Mehl, Ei, Eigelb und 3 TL Salz zu den Kartoffeln geben und alles rasch zu einem glatten Teig verkneten. Nur so lange kneten, bis sich die Zutaten verbunden haben, sonst wird der Teig zäh. Aus dem Teig zweifingerdicke Rollen formen, Stücke abschneiden und zu Schupfnudeln rollen und formen [→ b].
4. In einem großen Topf Wasser zum Kochen bringen und salzen. Schupfnudeln darin garen, bis sie an die Oberfläche steigen [→ c]. Herausheben und gut abtropfen lassen. In zwei Pfannen das Butterschmalz erhitzen, die Schupfnudeln darin bei mittlerer Hitze in etwa 8 Minuten knusprig braten. Das Kraut salzen, in einer Schüssel mit den Schupfnudeln mischen und servieren.

Die Variante

Schupfnudeln mit Rahmspinat

Die Schupfnudeln wie beschrieben zubereiten. Für das Gemüse 1 kg Spinat verlesen, von den dicken Stielen befreien und sehr gut waschen. In kochendem Salzwasser zusammenfallen lassen. Kalt abschrecken und gut abtropfen lassen. 1 Zwiebel schälen und fein hacken, in 1 EL Butter bei schwacher Hitze weich und leicht braun braten. Spinat mit 100 g Sahne zugeben und erhitzen. Mit Salz, Pfeffer und Muskat abschmecken und extra zu den Schupfnudeln reichen. Erst beim Essen mischen.

KARTOFFELSCHMARRN
mit Rote-Rüben-Feldsalat

EINE KARTOFFELSPEZIALITÄT AUS DER LANDKÜCHE. UND EIN PREISWERTES UND FEINES ESSEN, DAS AUCH MIT SAUERKRAUT ODER APFELMUS SCHMECKT.

Zutaten für 4 Portionen

Für den Schmarrn

- 1 kg vorwiegend festkochende Kartoffeln
- 1 Zwiebel
- 2 Zweige Bohnenkraut oder Majoran
- 50 g durchwachsener Räucherspeck
- 150 g Mehl
- Salz, Pfeffer aus der Mühle
- 4 EL Butterschmalz

Für den Salat

- 1 mittelgroße Rote Rübe
- 150 g Feldsalat
- 2 EL heller Essig
- 1 TL süßer Senf
- Salz, Pfeffer aus der Mühle
- ½ TL gemahlener Kümmel
- 4 EL Öl

Zeitbedarf

- 1 ¼ Stunden

So geht's

1. Die Kartoffeln in der Schale in Wasser zugedeckt in 20 – 30 Minuten weich kochen. Abgießen und kurz ausdampfen lassen, dann schälen und heiß durch die Kartoffelpresse drücken. Abkühlen lassen.
2. Inzwischen für den Salat die Rote Rübe waschen und in kochendem Wasser zugedeckt bei mittlerer Hitze in 40 – 50 Minuten weich kochen. Abgießen und abkühlen lassen.
3. Die Zwiebel schälen und fein würfeln. Die Kräuter waschen und trocken schütteln. Von den Stielen befreien und fein hacken. Den Speck ebenfalls würfeln und in einer Pfanne bei schwacher Hitze erwärmen, bis er glasig ist und etwas Fett austritt. Die Zwiebel und Bohnenkraut oder Majoran dazugeben und glasig dünsten.
4. Die Zwiebel-Speck-Mischung mit dem Mehl zu den Kartoffeln geben und alles mit einer Gabel gut mischen. Mit Salz und Pfeffer abschmecken.
5. Das Butterschmalz in einer Pfanne erhitzen. Die Schmarrnmasse einfüllen und leicht festdrücken. Bei mittlerer Hitze etwa 10 Minuten braten, wenden **[→ a]** und weitere 10 Minuten braten. Den Schmarrn mit zwei Gabeln in Stücke zupfen und eventuell kurz weiterbraten, bis die Stücke rundherum schön braun sind **[→ b]**.
6. Inzwischen den Feldsalat gründlich waschen, verlesen und trocken schleudern. Essig mit Senf, Salz, Pfeffer und Kümmel verrühren. Das Öl unterschlagen. Die Rote Rübe schälen und in Streifen schneiden. Mit dem Feldsalat und der Salatsauce mischen und abschmecken. Zum Schmarrn servieren.

SO SCHMECKT'S AUCH **Selbst unter der bayerischen Bevölkerung gibt es Menschen, die wenig oder gar kein Fleisch essen. Für die den Speck weglassen und die Zwiebel und die Kräuter statt im Speckfett in 1 EL Butter glasig dünsten.**

DAS IST *wirklich* WICHTIG

[a] GEKONNT WENDEN Lösen Sie den Schmarrn mit einem Pfannenwender vom Rand der Pfanne und lassen Sie ihn langsam auf einen großen Teller oder eine Platte rutschen. Die Pfanne umgedreht auf den Teller legen, beides mit Topflappen festhalten und mit Schwung umdrehen.

[b] IN STÜCKE TEILEN Den Schmarrn nicht schneiden, sondern mit zwei Gabeln in ungleichmäßig große Stücke reißen oder zupfen. Wenn die Stücke jetzt noch nicht richtig braun sind, geben Sie ein wenig Butter dazu und lassen den Schmarrn noch etwas Farbe annehmen.

DIE KARTOFFEL IN BAYERN

Von der Armenspeise zur Delikatesse

ERDAPFEL ODER ERDBIRN WIRD DIE KARTOFFEL WEGEN IHRER FORM AUCH GENANNT UND DAS NICHT NUR IN BAYERN, SONDERN AUCH BEI UNSEREN ÖSTERREICHISCHEN NACHBARN. UND WEIL SIE URSPRÜNGLICH EIN ARME-LEUTE-GEMÜSE WAR, HATTE SIE ES VOR ALLEM IN OBERBAYERN ZUNÄCHST GANZ SCHÖN SCHWER, IN DER KÜCHE EINZUG ZU HALTEN.

IHR WEG IN DIE REGION

Nach Bayern kam die nahrhafte Knolle 1647, und zwar nach Pilgramsreuth in Oberfranken. Der Bauer Hans Rogler hatte sie zuvor bei einem Besuch im Grenzgebiet von Sudetenland und Böhmen kennengelernt, probiert und für gut genug befunden, um sich ein paar Knollen für den Eigenanbau mit nach Hause zu nehmen. Nach einigen Experimenten war schnell klar: Die Kartoffel gedeiht auch auf kargen Böden und sie nimmt Wetterkapriolen nicht so schnell krumm wie Getreide. Ideal also, um in größerem Stil angebaut zu werden und die arme Bevölkerung zuverlässig satt zu machen.

NAHRHAFTES FÜR DIE MÜNCHNER

Ein frühes Essen für die Armen, das neben Erbsen auch Kartoffeln enthält, ist die Rumfordsuppe. Benannt ist sie nach dem Amerikaner Benjamin Thompson, der 1791 vom bayerischen Kurfürsten Carl Theodor zum Grafen Rumford geadelt wurde. Er kreierte die nahrhafte Suppe Ende des 18. Jahrhunderts für die Verpflegung der armen Bevölkerung Münchens. Ursprünglich wurde sie wohl aus getrockneten Erbsen, Kartoffeln, Graupen, Brot und Bier zubereitet, inzwischen verfeinert man sie mit Schinken, Gewürzen und Petersilie. Übrigens hat sich der erfindungsreiche Amerikaner nicht nur bei der Verpflegung der Münchner hervorgetan, er bescherte ihnen auch eine andere angenehme Neuerung. Er überzeugte den nicht gerade beliebten Kurfürsten davon, seinen Untertanen einen Park zu schenken. Aus dem „Carl-Theodor-Park" wurde schließlich der Englische Garten, der noch heute Münchnern wie Besuchern Erholung und Freude schenkt.

VOM ERDAPFEL ZUR DELIKATESSE

Vielleicht war die Vielfältigkeit der nahrhaften Knolle der Grund dafür, dass die Oberbayern sich doch noch mit der Kartoffel anfreunden konnten. Schließlich lässt sie sich nicht nur kochen und braten, sondern zu echten Delikatessen verfeinern – vom Knödel über den Reiberdatschi, die Schupfnudel und den saftigen Salat bis zu Schmarrn und Pflanzerl. Einfach nur gekocht ist sie bis heute nicht gerade der Bayern Lieblingsbeilage. Zumindest gebraten oder mit viel Butter serviert muss sie schon sein.

KARTOFFELPFLANZERL *mit Lauch*

KÜCHEL ODER KIARCHERL HEISSEN DIE AUCH. FRÜHER BEREITETE MAN SIE GERNE MIT SPECK ZU. MIT LAUCH SIND SIE LEICHTER UND MINDESTENS GENAUSO GUT!

Zutaten für 4 Portionen

- 600 g vorwiegend festkochende Kartoffeln
- 100 g altbackene Semmeln
- 100 ml heiße Milch
- 1 Stange Lauch
- ½ kleines Bund Petersilie
- 2 EL Butter
- 2 Eier (Größe M)
- 200 g Quark
- Salz, Pfeffer aus der Mühle
- 2 EL Öl

Zeitbedarf

- 1 Stunde

So geht's

1. Die Kartoffeln waschen und in der Schale in Wasser zugedeckt bei mittlerer Hitze in 20–30 Minuten weich kochen. Dann abgießen, kurz ausdampfen lassen, schälen und durch die Kartoffelpresse drücken. Abkühlen lassen.
2. Die Semmeln in dünne Scheiben schneiden und mit der Milch begießen.
3. Inzwischen den Lauch waschen, putzen und mit dem knackigen Grün in feine Streifen schneiden. Die Petersilie waschen, trocken schütteln und die Blättchen fein hacken. 1 EL Butter zerlassen. Den Lauch und die Petersilie darin bei mittlerer Hitze unter Rühren 1–2 Minuten dünsten.
4. Die Semmeln ausdrücken und zerpflücken. Mit dem Lauch, den Eiern und dem Quark zu den gepressten Kartoffeln geben, salzen, pfeffern und gut mischen. Zu 12 gut 1 cm dicken Pflanzerln formen.
5. Die übrige Butter mit dem Öl in zwei Pfannen erhitzen. Die Pflanzerl hineinsetzen und bei mittlerer Hitze in 4–5 Minuten knusprig braten. Wenden und noch einmal so lange braten.

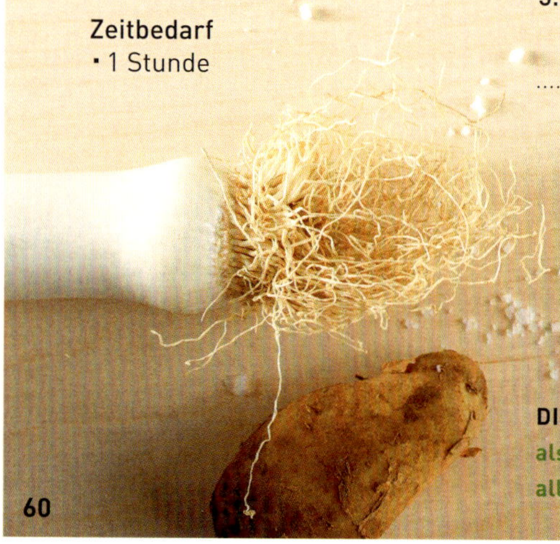

DIE PFLANZERL SCHMECKEN mit Sauerkraut oder Salat, aber auch als Beilage zu Fleisch, z. B. Böfflamot. In diesem Fall reicht die Menge allerdings für 6 Portionen.

KARTOFFELGRÖSTL
mit Braten und Wurzelgemüse

URSPRÜNGLICH EIN RESTEESSEN, DAS SO GUT SCHMECKT, DASS MAN EXTRA MEHR BRATEN UND KARTOFFELN ZUBEREITET, UM ES AM NÄCHSTEN TAG ZU BRATEN.

Zutaten für 4 Portionen

- 800 g gegarte Kartoffeln (am besten vom Vortag)
- 1 Zwiebel
- 1 Petersilienwurzel
- 1 Möhre
- ¼ Bund Petersilie
- 400 g gegartes Fleisch (vom Tellerfleisch oder von einem Braten)
- 2 EL Butter
- 1 TL Kümmelsamen
- Salz, Pfeffer aus der Mühle
- 100 g saure Sahne
- 2 TL scharfer Senf
- ½ TL süßer Senf

Zeitbedarf

- 30 Minuten

So geht's

1. Die Kartoffeln schälen und in etwa ½ cm dicke Scheiben schneiden. Die Zwiebel schälen und vierteln, in feine Streifen schneiden. Die Petersilienwurzel und die Möhre schälen und in dünne Scheiben schneiden oder hobeln. Die Petersilie waschen, trocken schütteln und die Blättchen fein hacken. Das Fleisch in dünne Streifen schneiden.
2. In einer Pfanne die Butter zerlassen, Die Petersilienwurzel- und Möhrenscheiben mit dem Kümmel darin bei schwacher bis mittlerer Hitze unter Rühren etwa 5 Minuten braten, bis sie gar sind, aber noch Biss haben.
3. Die Kartoffeln und die Zwiebel untermischen und alles weitere 5–10 Minuten braten, bis die Kartoffeln schön braun sind. Das Fleisch untermischen und heiß und leicht braun werden lassen. Alles mit Salz und Pfeffer abschmecken.
4. Die saure Sahne mit den beiden Senfsorten und etwas Salz verrühren. Nach Belieben unter die Kartoffelpfanne mischen oder extra dazu servieren.

Die Variante

Gröstl mit Ei
Die Kartoffeln mit 3 Zwiebeln in Streifen, dem Kümmel und dem Fleisch wie beschrieben braten. 4 Eier mit 4 EL Sahne oder Milch verrühren, salzen, pfeffern und darübergießen. Unter Rühren stocken, aber nicht trocken werden lassen. Mit Schnittlauchröllchen bestreut servieren.

KARTOFFELSALAT *mit Gurke*

OB ZU SCHNITZEL, LEBERKÄSE ODER FLEISCHPFLANZERLN – DER KARTOFFEL-GURKEN-SALAT IST EINE DER BELIEBTESTEN BAYERISCHEN BEILAGEN.

Zutaten für 4 Portionen

- 1 kg festkochende Kartoffeln
- 1 Zwiebel
- ¼ l kräftige Gemüsebrühe
- 1 EL mittelscharfer Senf
- 3 EL Weißwein- oder Apfelessig
- Salz, Pfeffer aus der Mühle
- 4 EL neutrales Öl
- 1 Salatgurke

Zeitbedarf

- 45 Minuten + 15 Minuten ruhen

So geht's

1. Die Kartoffeln waschen und in der Schale in Wasser zugedeckt in 20–30 Minuten nicht zu weich kochen. Abgießen und etwas ausdampfen lassen.
2. Für die Sauce die Zwiebel schälen und fein würfeln. Die Würfel mit der Brühe zum Kochen bringen, mit dem Senf, 2 EL Essig, Salz, Pfeffer und 3 EL Öl verrühren. Die Kartoffeln schälen und in dünne Scheiben schneiden. Lagenweise mit der Sauce in eine Schüssel füllen und etwa 15 Minuten ziehen lassen.
3. Inzwischen die Gurke schälen und in dünne Scheiben hobeln. Den übrigen Essig mit dem restlichen Öl mischen, mit Salz und Pfeffer würzen und unter die Gurken heben. Ebenfalls etwa 15 Minuten ziehen lassen, dann unter den Kartoffelsalat mischen. Den Salat abschmecken und bald servieren.

Die Variante

Kartoffel-Endivien-Salat
Statt der Gurke sorgen auch Streifen von Endiviensalat für viel Aroma und Saftigkeit. Dazu etwa 150 g Endiviensalatblätter sehr gut waschen und trocken schütteln. In dünne Streifen schneiden und mit ½ TL Salz in einer Schüssel mit den Händen kräftig durchkneten, bis sie geschmeidig werden. 5–10 Minuten ziehen lassen, dann unter den durchgezogenen Kartoffelsalat heben.

KRAUTWICKERL
mit Saiblingsfilet

KRAUTWICKERL WERDEN TRADITIONELL MIT HACKFLEISCH GEFÜLLT. HIER EINE EDLERE VARIANTE MIT ZARTEM FILET VOM SÜSSWASSERFISCH.

Zutaten für 4 Portionen

- 1 Spitzkohl oder junger Weißkohl
- Salz
- 2 Scheiben Toastbrot
- 2 Frühlingszwiebeln
- 1 Bund Dill
- 1 Bio-Zitrone
- 400 g Saiblingsfilet
- 2 Eier (Größe M)
- Pfeffer aus der Mühle
- 2 EL Butter
- ¼ l Fischfond (beim Fischhändler kaufen)
- 100 g Sahne

Zeitbedarf

- 1 Stunde

So geht's

1. Vom Kohl welke Blätter entfernen. Den Kohl waschen und den Strunk aus der Mitte herausschneiden [→ a]. 12–16 (je nach Größe) schöne Blätter vorsichtig ablösen. In einem großen Topf Wasser zum Kochen bringen und salzen. Die Kohlblätter darin etwa 2 Minuten sprudelnd kochen lassen, bis sie biegsam werden. In einem Sieb kalt abschrecken und abtropfen lassen.
2. Für die Füllung das Toastbrot von der Rinde befreien und in einer Schüssel mit lauwarmem Wasser bedeckt weich werden lassen. Die Frühlingszwiebeln waschen, putzen und mit dem knackigen Grün fein hacken. Den Dill waschen und trocken schütteln, von den dicken Stielen befreien und fein schneiden. Etwa die Hälfte davon zugedeckt beiseitestellen. Die Zitrone heiß waschen und abtrocknen, die Schale fein abreiben, eine Hälfte auspressen.
3. Mit den Fingerspitzen über das Fischfilet fahren. Wenn Gräten zu spüren sind, diese mit einer Pinzette herausziehen. Das Fischfilet sehr klein würfeln. 2–4 (je nach Größe) Kohlblätter sehr fein schneiden. Das Brot ausdrücken und zerpflücken, mit dem gewürfelten Fisch, dem gehackten Kohl, den Frühlingszwiebeln, dem Dill, den Eiern und der Zitronenschale in eine Schüssel geben, salzen, pfeffern und gründlich durchkneten.
4. Die übrigen Kohlblätter auf der Arbeitsfläche ausbreiten und die dicken Mittelrippen flach schneiden [→ b]. Die Füllung im unteren Drittel der Blätter verteilen, Ränder nach innen einschlagen und die Blätter aufrollen. Die Enden mit Zahnstochern befestigen. Die Butter in einem weiten Topf zerlassen, die Wickerl darin rundherum leicht anbraten. Mit dem Fond aufgießen und zugedeckt bei schwacher Hitze etwa 25 Minuten schmoren. Wickerl herausheben, die Sahne unter den Fischfond rühren. Die Sauce mit Salz, Pfeffer und 2–3 TL Zitronensaft abschmecken. Den Dill aufstreuen.

Dazu passen Kartoffelpüree oder Reis.

DAS IST *wirklich* WICHTIG

[a] KOHLSTRUNK ENTFERNEN Die Blätter lassen sich leicht ablösen, wenn der Kohl keinen Strunk mehr hat. Schneiden Sie ihn mit einem langen Messer wie einen Keil aus der Unterseite heraus.

[b] BLATTRIPPEN FLACH SCHNEIDEN Dicke Rippen müssen Sie flacher schneiden, damit sich die Rouladen gut wickeln lassen. Legen Sie die Blätter flach auf das Küchenbrett und schneiden Sie dicke Rippen in der Blattmitte flacher.

[a]

[b]

BAYERISCHE KNÖDEL

Kugelrunder Genuss

WER WOHL ALS ERSTER DRAN GEDREHT HAT? DIE SÜDTIROLER, DIE BÖHMEN, DIE BAYERN ODER GAR DIE RÖMER? DIE BAYERN WAREN ES WOHL LEIDER NICHT! EHER SCHON DIE SÜDTIROLER, DENN DORT IN DER BURGKAPELLE VON HOCHEPPAN IST AUF EINEM FRESKO VON 1290 EINE NONNE ZU SEHEN, DIE SICH KNÖDEL SCHMECKEN LÄSST.

Im Mittelalter waren Knödel schon ziemlich weit verbreitet. Bei dem, was zu dieser Zeit auf den Teller kam, handelte es sich in den meisten Fällen wohl um Fleischknödel. Sie enthielten neben Fleisch, Mehl und Wasser auch Brotstücke für die gute Bindung. Je ärmer nun eine Familie war, desto mehr Brot wanderte in die Knödel, bis man schließlich auch einmal ganz auf die Fleischzugabe verzichten musste. Der Semmelknödel war geboren!

KNÖDEL FÜR ALLE TAGE

Bald nachdem sich die Kartoffel einen festen Platz in den bayerischen Kochtöpfen erobert hatte, fand man auch heraus, dass sie sich mit ihrem hohen Stärkegehalt sehr gut dazu eignete, zu Knödeln verarbeitet zu werden. Im Laufe der Zeit kamen dann immer mehr unterschiedliche Rezepte auf den Tisch.

Und heute gibt es kein bayerisches Wirtshaus, das nicht mindestens bei einem Gericht Knödel auf der Karte stehen hat. Vom Leberknödel in der Suppe oder in der Schlachtschüssel, dem Grießnockerl, das ja auch nichts anderes ist als ein kleiner Knödel, über den Semmelknödel bis zum Kartoffelknödel. Wer dann immer noch nicht genug hat, bekommt in manchen Gasthäusern einen saftigen Topfenknödel als Nachtisch. Und weiß spätestens jetzt: Wer auch immer den Knödel zuerst gedreht hat, in Bayern beherrscht man die Kunst des Knödelmachens einfach besonders gut.

Übrigens: Schön rund müssen alle Knödel sein. Und das wohl vor allem deshalb, weil Rundes dem Volksglauben nach Glück bringen soll.

KNÖDEL ESSEN WIE EIN BAYER

Wenn Sie nicht gleich als Fremder erkannt werden wollen, halten Sie sich an eine wichtige Regel beim Knödelessen: Sie dürfen auf gar keinen Fall mit dem Messer zerschnitten werden. Vielmehr rückt man dem runden Kunstwerk so zu Leibe: Mit Messer und Gabel auf der Oberseite des Knödels ansetzen und ihn nun in zwei Stücke reißen. Das hat wohl vor allem den Grund, dass der zerrissene Knödel mehr Sauce aufsaugen kann als der mit der glatten Schnittfläche. Und das ist ja schließlich seine eigentliche Bestimmung. Kein Knödel ohne Sauce.

BREZENKNÖDEL *mit Rahmschwammerl*

IM HERBST LIEBEN DIE BAYERN IHRE KNÖDEL MIT FRISCHEN SCHWAMMERL. UND MIT BREZEN STATT SEMMELN SIND DIE KNÖDEL NOCH VIEL HERZHAFTER.

Zutaten für 4 Portionen

Für die Knödel

- 5 Brezen vom Vortag (ca. 300 g)
- 300 ml Milch
- 1 Stange Lauch
- 1 Bund Petersilie
- 1 EL Butter, Salz
- 3 Eier (Größe M)
- Pfeffer aus der Mühle

Für die Schwammerl

- 800 g Pilze (Steinpilze, Egerlinge oder Champignons)
- 1 Zwiebel
- 2 EL Butter
- ½ EL Mehl
- 150 ml Gemüsebrühe
- 200 g Sahne
- 2 TL Zitronensaft
- 1 TL scharfer Senf
- Salz, Pfeffer aus der Mühle

Zeitbedarf

- 1 ¼ Stunden

So geht's

1. Brezen vom Salz befreien, in gleichmäßig dünne Scheiben schneiden und in eine Schüssel füllen. Die Milch erhitzen und über die Brezen gießen. 30 Minuten ziehen lassen.
2. Inzwischen den Lauch waschen, putzen und mit dem knackigen Grün fein schneiden. Die Petersilie waschen, trocken schütteln und die Blättchen fein hacken. Die Butter zerlassen und den Lauch darin bei schwacher Hitze 5 Minuten unter Rühren dünsten. Die Petersilie dazugeben und nur zusammenfallen lassen.
3. Für die Rahmschwammerl die Pilze putzen, von den Stielenden befreien und in dünne Scheiben schneiden. Die Zwiebel schälen und sehr fein hacken.
4. Für die Knödel reichlich Wasser aufkochen und salzen. Die Lauchmischung und die Eier zu den Brezen geben. Alles salzen, pfeffern und durchkneten **[→ a]**. Aus der Masse 8 Knödel formen **[→ b]** und ins kochende Salzwasser geben. Hitze sofort reduzieren und die Knödel bei ganz schwacher Hitze in etwa 20 Minuten gar ziehen lassen.
5. Für die Pilze die Butter zerlassen. Die Zwiebel mit den Pilzen darin bei starker Hitze unter Rühren 2–3 Minuten dünsten. Das Mehl darüberstäuben und kurz mitdünsten. Brühe und Sahne angießen und aufkochen. Die Pilze offen bei schwacher Hitze etwa 10 Minuten köcheln lassen. Mit dem Zitronensaft, Senf, Salz und Pfeffer abschmecken. Mit den abgetropften Knödeln servieren.

DAS REZEPT **Früher gab es in den bayerischen Wäldern noch so viele Pilze, dass man die Rahmschwammerl ganz selbstverständlich mit wild gesammelten Pilzen zubereitete. Mal mit gemischten, mal ganz edel mit Steinpilzen oder besonders delikat mit Reherl, wie Pfifferlinge in Bayern genannt werden. Das geht natürlich auch heute noch. Voraussetzung: Sie kennen die Pilze sehr gut oder haben einen gut bebilderten Waldpilzführer dabei. Ebenfalls empfehlenswert ist eine Pilzberatung.**

[a]

[b]

DAS IST *wirklich* WICHTIG

[a] GRÜNDLICH KNETEN Die eingeweichten Brezenscheiben und die Eier müssen Sie so lange mit den Händen durchkneten, bis die Masse gut gebunden ist. Sie soll eine Konsistenz wie Hackfleischteig haben. Ist die Mischung zu trocken, noch etwas Milch untermischen. Ist sie zu feucht, um formbar zu sein, ein paar Esslöffel Semmelbrösel dazugeben.

[b] KNÖDEL FORMEN Knödel lassen sich leichter und gleichmäßiger formen, wenn Sie die Hände zwischendurch unter den kalten Wasserstrahl halten. Knödel nebeneinander auf ein Küchenbrett legen.

DAS IST *wirklich* WICHTIG

[a] KARTOFFELSORTE Für Kartoffelknödel braucht man stärkereiche Kartoffeln. Für Frühkartoffeln trifft das ebenso wenig zu wie für lange gelagerte. Da man Kartoffeln den Stärkegehalt nicht ansieht, gehen wir auf Nummer sicher und geben etwas Grieß an den Teig. Den schmeckt man nicht, aber er gibt den Knödeln Halt.

[b] KARTOFFELN AUSDRÜCKEN
Pressen Sie die Kartoffeln im Tuch so stark zusammen, bis keine Flüssigkeit mehr austritt. Die Kartoffelraspel in einer Schüssel sofort mit der kochendheißen Milch mischen. Die verhindert, dass sie sich bräunlich färben.

[c] STÄRKE AUFFANGEN Lassen Sie das ausgepresste Wasser 10 Minuten stehen und gießen Sie es dann vorsichtig ab. Am Boden der Schüssel hat sich die Stärke abgesetzt. Falls dort keine oder nur ganz wenig Stärke ist, geben Sie mehr Speisestärke an den Teig.

[d] PROBEKLOSS Zur Sicherheit formen Sie zuerst nur einen Kloß und legen ihn ins heiße Wasser. Wenn er nach 10 Minuten seine Form behalten hat, auch die restlichen Knödel formen und garen. Löst sich ein Teil der Kartoffelmasse ab, muss mehr Stärke an den Teig.

[b]

DAS KARTOFFELWASSER ABGIESSEN, DIE STÄRKE BLEIBT AM SCHÜSSELBODEN.

[c]

KARTOFFELKNÖDEL

mit knusprigen Brotwürfeln

DIE GEHÖREN IN BAYERN ZUM SCHWEINSBRATEN WIE DER KRAUTSALAT, ABER AUCH ZU ALLEN ANDEREN FLEISCHGERICHTEN MIT VIEL SAUCE.

Zutaten für 4–6 Portionen

- 2 kg vorwiegend festkochende Kartoffeln
- Salz
- 150 ml Milch
- 1 EL Hartweizengrieß
- 3 Scheiben Toastbrot oder 1 Semmel
- 1 EL Butter
- 1 EL Speisestärke

Zeitbedarf

- 1 Stunde

So geht's

1. Ein Drittel der Kartoffeln [→ a] schälen, waschen und in große Würfel schneiden. In Salzwasser zugedeckt weich kochen.
2. Inzwischen die Milch zum Kochen bringen. Die übrigen Kartoffeln schälen und fein reiben. In ein durchlässiges Tuch geben, das Tuch kräftig zusammendrehen und den Saft der Kartoffeln auspressen und auffangen [→ b]. Die Raspel sofort mit der kochenden Milch und dem Grieß mischen.
3. Das Kartoffelwasser etwa 10 Minuten stehen lassen, bis sich die Stärke absetzt. Die Flüssigkeit vorsichtig abgießen [→ c] und die zurückbleibende Stärke zu den Kartoffelraspeln geben. Die gekochten Kartoffeln abgießen und durch die Presse drücken.
4. Das Toastbrot entrinden und würfeln. Die Butter zerlassen und die Brotwürfel darin bei mittlerer Hitze unter Rühren rundherum knusprig braten.
5. Die rohen und die gekochten Kartoffeln mit der Speisestärke und Salz gut verkneten. Den Kartoffelteig in 12–14 Portionen teilen. Jede Portion auf der Handfläche etwas flach drücken, ein paar Brotwürfel auflegen und den Kartoffelteig darüber zusammenklappen. Die Knödel rund formen.
6. In einem großen Topf reichlich Wasser zum Kochen bringen und salzen. Die Knödel einlegen [→ d] und im leise siedenden Wasser in 20–25 Minuten gar ziehen lassen.

Die Variante

Kartoffelknödel aus gekochten Kartoffeln
1 ½ kg vorwiegend festkochende Kartoffeln in der Schale weich kochen, ausdampfen lassen, schälen und heiß durch die Kartoffelpresse drücken. Abkühlen lassen. Mit 100 g Hartweizengrieß und 75 g Mehl sowie 2 Eiern zu einem glatten Teig verkneten. Die Brotwürfel braten. Wie links beschrieben Knödel formen. In kochendes Salzwasser legen und bei schwacher Hitze in etwa 20 Minuten gar ziehen lassen.

GERÖSTETE KNÖDEL
mit Ei und Schnittlauch

WENN KNÖDEL ÜBRIG BLEIBEN, FREUT SICH DER BAYER. DIE GIBT ES NÄMLICH AM NÄCHSTEN TAG IN SCHEIBEN GESCHNITTEN UND GEBRATEN MIT EI.

Zutaten für 4 Portionen

- 6 Kartoffel- oder Semmelknödel
- 1 Bund Schnittlauch
- 2 Eier (Größe M)
- 75 ml Milch oder Sahne
- Salz, Pfeffer aus der Mühle
- 2 EL Butter
- nach Belieben 1–2 TL Kümmelkörner oder Koriandersamen

Zeitbedarf
- 20 Minuten

So geht's

1. Die Knödel in dünne Scheiben schneiden. Den Schnittlauch waschen, trocken schütteln und in Röllchen schneiden. Die Eier mit der Milch oder Sahne verquirlen, die Hälfte vom Schnittlauch mit Salz und Pfeffer unterrühren.
2. Die Butter in einer großen Pfanne zerlassen, nach Belieben den Kümmel oder Koriander darin andünsten. Die Knödelscheiben unterrühren und bei mittlerer Hitze etwa 5 Minuten braten, bis sie knusprig werden. Ab und zu durchrühren.
3. Die Eier untermischen und die Pfanne vom Herd ziehen. Die Knödel durchrühren, bis die Eiermasse gestockt, aber nicht trocken ist. Die Knödel mit dem übrigen Schnittlauch bestreut servieren.

DAZU SCHMECKT EIN SALAT, z. B. ein Endiviensalat. Den Salat in die einzelnen Blätter zerteilen, waschen und trocken schleudern. Die Blätter in schmale Streifen schneiden, mit 2 TL Salz mischen und kräftig durchkneten, bis sie geschmeidig werden. Für die Sauce 2 EL Essig mit 2 TL scharfem Senf, 2 EL saurer Sahne und 2 EL neutralem Öl verrühren und mit Pfeffer würzen. Unter den Salat mischen und abschmecken.

REIBERDATSCHI
mit Zwiebeln

DIESES KÖSTLICHE KARTOFFELGERICHT IST WOHL AUS DER BÖHMISCHEN KÜCHE EINGEWANDERT. HIER ISST MAN DIE DATSCHI AM LIEBSTEN MIT SAUERKRAUT.

Zutaten für 4 Portionen

- 900 g mehligkochende Kartoffeln
- 2 Zwiebeln
- Salz, Pfeffer aus der Mühle
- 2–3 EL Butterschmalz zum Braten

Zeitbedarf

- 40 Minuten

So geht's

1. Die Kartoffeln schälen und waschen. Die Zwiebeln ebenfalls schälen. Die Kartoffeln und die Zwiebeln auf der Rohkostreibe fein in eine Schüssel reiben. Falls sich dabei Flüssigkeit bildet, diese abgießen.
2. Die Kartoffelmasse mit Salz und Pfeffer würzen. In zwei Pfannen gleichzeitig je 1 EL Butterschmalz erhitzen. Von der Kartoffelmasse kleine Häufchen in die Pfannen setzen, etwas flacher streichen und bei mittlerer Hitze etwa 5 Minuten braten, bis sie knusprig sind. Umdrehen, bei Bedarf noch etwas Butterschmalz zugeben und die Reiberdatschi noch einmal so lange braten.

DAZU SCHMECKEN Sauerkraut oder/und Apfelmus. Die Datschi sind aber auch eine perfekte Beilage zu Wildmedaillons oder -ragout.

FLEISCH & FISCH

Für besondere Tage

FESTLICH GEHT'S HIER ZU. DENN IM KATHOLISCHEN BAYERN KAM FRÜHER NUR AN WENIGEN TAGEN IM JAHR FLEISCH AUF DEN TISCH. FISCH DAGEGEN WAR FASTEN-SPEISE, GRUND GENUG, SICH AUCH DAFÜR ABWECHSLUNGSREICHE REZEPTE EINFALLEN ZU LASSEN.

SCHWEINEBRATEN
mit Biersauce und Krautsalat

EIN BAYERISCHES WIRTSHAUS OHNE SCHWEINEBRATEN? UNVORSTELLBAR. DAS GEHEIMNIS DES GUTEN BRATENS – GUTES FLEISCH. UND EINE RESCHE KRUSTE.

Zutaten für 4 – 6 Portionen

Für den Braten

- 1 Stück Schweinebraten mit Schwarte (etwa 1,2 kg, z. B. Schulter oder nicht zu fetter Nacken)
- Salz, Pfeffer aus der Mühle
- 375 ml heiße, milde Fleischbrühe oder Wasser
- 1 Bund Suppengrün
- 1 Lorbeerblatt
- 1 TL Kümmelsamen
- 200 ml + 4 EL Bier

Für den Krautsalat

- 1 kleiner Weißkohl (etwa 700 g)
- Salz
- 100 g durchwachsener Räucherspeck
- 1 Zwiebel
- 1 TL Kümmelsamen
- 2 EL heller Essig
- Pfeffer aus der Mühle

Zeitbedarf

- 40 Minuten + 3 ½ Stunden garen

So geht's

1. Den Backofen auf 150 °C (Ober- und Unterhitze; Umluft 140 °C) vorheizen. Das Fleisch mit Salz und Pfeffer einreiben. Braten mit der Schwarte nach unten in einen Bräter legen, Flüssigkeit angießen und den Braten im Ofen (Mitte) etwa 1 Stunde braten.
2. Inzwischen das Suppengrün waschen oder schälen und grob schneiden. Den Braten aus der Brühe heben und die Schwarte mit einem sehr scharfen Messer rautenförmig einschneiden [→ a]. Mit der Schwarte nach oben wieder in den Bräter legen. Suppengrün, Lorbeerblatt und Kümmel daneben verteilen und 200 ml Bier angießen. Das Fleisch noch einmal etwa 2 Stunden braten. Dabei häufig mit der Flüssigkeit im Bräter begießen.
3. Inzwischen für den Krautsalat den Kohl waschen, putzen und vierteln. Den Strunk aus der Mitte herausschneiden und die Viertel in feine Streifen schneiden oder hobeln. In einer Schüssel mit 1 TL Salz kräftig durchkneten [→ b].
4. Den Speck und die Zwiebel würfeln. Den Speck in einer Pfanne bei schwacher bis mittlerer Hitze erst glasig, dann leicht braun werden lassen. Die Zwiebel mit dem Kümmel untermischen und glasig braten. Mit Essig ablöschen und zum Kraut geben. Den Salat mit Salz und Pfeffer abschmecken.
5. Die Backofentemperatur auf 220 °C (Umluft 200 °C) erhöhen. 1 TL Salz und 4 EL Bier verrühren und die Schwarte damit einpinseln. Den Braten weitere 30 Minuten braten, bis die Schwarte knusprig ist. Dabei immer mal wieder mit Salzbier einpinseln [→ c].
6. Den Braten herausheben und im abgeschalteten Ofen warm halten. Die Sauce sieben und das Suppengrün etwas ausdrücken. Die Sauce abschmecken. Den Braten in Scheiben schneiden und mit der Sauce anrichten. Den Salat dazu servieren.

Dazu schmecken außerdem Kartoffel- oder Semmelknödel.

DAS IST *wirklich* WICHTIG

[a] SCHWARTE EINSCHNEIDEN Die Fettschicht vom Schwein ist mit einer zähen Schwarte bedeckt. Die lässt sich viel leichter einschneiden, wenn sie in Wasser etwas vorgegart wurde. Den Braten deshalb mit der Schwarte nach unten in den Ofen schieben. Nach 1 Stunde herausnehmen und die Schwarte mit einem scharfen Messer in etwa 1 cm große Rauten schneiden. Ab jetzt gart der Braten mit der Schwarte nach oben.

[b] KOHL KNETEN Kohlstreifen für Salat sollen schön geschmeidig sein. Mischen Sie sie in einer Schüssel mit 1 TL Salz und kneten sie so lange kräftig durch, bis sie glasig aussehen und weicher sind.

[c] RESCHE KRUSTE Falls die Kruste nach der Garzeit noch nicht knusprig genug ist, den Braten aus der Form nehmen, auf den Rost (mit der Fettpfanne darunter) setzen und kurz unter die heißen Grillschlangen schieben.

[b]

TELLERFLEISCH
mit Rahmwirsing

RINDFLEISCH KAM IN BAYERN FRÜHER NUR AN FESTTAGEN AUF DEN TISCH. UND ZWAR AM LIEBSTEN GEKOCHT UND MIT FRISCHEM MEERRETTICH SERVIERT.

Zutaten für 4 Portionen

Für das Tellerfleisch

- 1 kg Suppenfleisch vom Rind (Brustkern oder Zwerchrippe)
- 500 g Rinderknochen
- 1 Bund Suppengrün
- 2 Lorbeerblätter
- je 1 TL schwarze Pfefferkörner und Wacholderbeeren
- 1 Gewürznelke, Salz

Für den Rahmwirsing

- 1 kleiner Wirsing (etwa 800 g)
- Salz, 1 Stange Lauch
- 1 EL Butter, 2 TL Mehl
- ⅛ l Fleisch- oder Gemüsebrühe
- 150 g Sahne
- Pfeffer aus der Mühle
- ½ TL gemahlener Kümmel

Für den Apfel-Meerrettich

- 5–6 cm frischer Meerrettich
- 1 kleiner säuerlicher Apfel

Zeitbedarf

- 40 Minuten + 2 Stunden garen

So geht's

1. Das Fleisch und die Knochen kalt abspülen. In einem Topf gut 2 l Wasser zum Kochen bringen. Das Fleisch und die Knochen einlegen und die Hitze so reduzieren, dass die Flüssigkeit nur noch leise simmert. Etwa 1 Stunde köcheln, zwischendurch abschäumen [→ a].
2. Das Suppengrün waschen oder schälen und grob schneiden. Mit dem Lorbeer und den Gewürzen zum Fleisch geben, die Brühe salzen und alles 1 Stunde garen, bis das Fleisch weich ist [→ b].
3. Für das Gemüse vom Wirsing alle welken Blätter entfernen. Den Wirsing waschen, vierteln und vom Strunk befreien. Die Viertel in Streifen schneiden. In kochendem Salzwasser etwa 10 Minuten vorkochen. In einem Sieb kalt abschrecken und abtropfen lassen.
4. Den Lauch vom dunkelgrünen Teil und dem Wurzelbüschel befreien, der Länge nach aufschlitzen und waschen. In Streifen schneiden. Die Butter zerlassen, den Lauch darin andünsten. Das Mehl darüberstäuben und anschwitzen. Die Brühe und die Sahne angießen und die Sauce offen bei mittlerer Hitze etwa 5 Minuten köcheln lassen.
5. Inzwischen den Meerrettich schälen und fein reiben. Den Apfel vierteln, schälen und vom Kernhaus befreien. Die Viertel fein raspeln und mit dem Meerrettich mischen.
6. Den Wirsing unter die Sauce mischen, heiß werden lassen und mit Salz, Pfeffer und Kümmel abschmecken. Das Fleisch aus der Brühe heben, in Scheiben schneiden und mit etwas Brühe auf Tellern verteilen. Den Wirsing und den Meerrettich dazu servieren.

Dazu schmecken außerdem Bratkartoffeln.

DAS IST *wirklich* WICHTIG

[a] BRÜHE ABSCHÄUMEN Vor allem während der ersten 30 Minuten Garzeit bildet sich gräulicher Schaum auf der Brühe. Heben Sie ihn mit dem Schaumlöffel immer wieder ab, dann wird die Brühe klarer.

[b] GARPROBE BEIM FLEISCH Je nachdem welches Stück Sie nehmen und wie lange das Rindfleisch abgehangen wurde, variiert auch die Garzeit. Stechen Sie das Stück nach 2 Stunden Garzeit mit der Fleischgabel ein. Es muss sich weich wie Butter einstechen lassen. Ist es noch härter, verlängern Sie die Garzeit.

DAS IST *wirklich* WICHTIG

[a] DAS FLEISCH Gekochtes Fleisch hat einen sehr intensiven Geschmack. Es ist also besonders wichtig, dass Sie hochwertiges Fleisch kaufen. Am besten von Schweinen, die im Freien mit Auslauf leben durften. Fragen Sie Ihren Metzger nach der Herkunft! Übrigens haben sich einige bayerische Bauern inzwischen eine besonders gute Rasse von den schwäbischen Nachbarn geholt – das Schwäbisch-Hällische Landschwein.

SCHWEINSHAXE SAUER
mit Bayerisch Kraut

SCHWEINSHAXEN KOMMEN HEUTE MEISTENS AUS DEM OFEN. FRÜHER KOCHTE MAN SIE IN SAUREM SUD – SO SCHMECKT DAS FLEISCH MINDESTENS GENAUSO GUT.

Zutaten für 4 Portionen

Für die Schweinshaxe

- 2 Möhren, 2 Zwiebeln
- ½ Knollensellerie
- ½ Bio-Zitrone
- je 1 TL Wacholderbeeren und Pfefferkörner
- 1 Gewürznelke
- 2 Lorbeerblätter
- ¼ l Weißweinessig, Salz
- 1 Schweinshaxe (Hinterhaxe, etwa 1,3 kg)

Für das Kraut

- 1 mittelgroßer Weißkohl
- 1 Zwiebel, 1 süßlicher Apfel
- 1 EL Butter
- 2 TL Zucker
- 150 ml Gemüsebrühe
- Salz, Pfeffer aus der Mühle
- 1 EL Apfelessig

Zeitbedarf

- 30 Minuten + 2 Stunden garen

So geht's

1. Für den sauren Sud die Möhren, die Zwiebeln und den Sellerie schälen und grob schneiden. Die Zitrone in Scheiben schneiden. Diese Zutaten mit den Gewürzen, dem Lorbeer, dem Essig und 2 l Wasser in einem Topf zum Kochen bringen und kräftig salzen.
2. Die Haxe [→ a] in den Sud geben und mit halb aufgelegtem Deckel bei schwacher bis mittlerer Hitze etwa 2 Stunden leise köcheln lassen, bis das Fleisch weich ist.
3. Nach gut 1 Stunde für das Kraut den Kohl von welken Blättern befreien und waschen. Der Länge nach vierteln, den dicken Strunk aus der Mitte jeweils herausschneiden. Die Viertel in knapp 1 cm breite Streifen schneiden. Die Zwiebel schälen und fein würfeln. Den Apfel vierteln, vom Kerngehäuse befreien, schälen und in Schnitze schneiden.
4. Butter mit dem Zucker in einem Topf zerlassen. Zwiebel und Apfel darin andünsten. Das Kraut dazugeben und kurz mitdünsten. Mit der Brühe aufgießen, mit Salz und Pfeffer würzen und zugedeckt bei schwacher Hitze in 25–30 Minuten knapp weich garen. Mit Salz, Pfeffer und Essig abschmecken.
5. Die Haxe aus dem Sud heben und das Fleisch in Scheiben vom Knochen schneiden. Mit dem Kraut servieren.

Dazu passen Salzkartoffeln und frisch geriebener Meerrettich und Senf.

Die Variante

Schweinshaxe aus dem Ofen

Die Schwarte der rohen Hinterhaxe (etwa 1,3 kg) einschneiden. Haxe mit Salz und Pfeffer einreiben, mit 375 ml Brühe in einen Bräter geben. Im 150 °C heißen Ofen mit Alufolie abgedeckt etwa 1 Stunde garen. 1 Bund vorbereitetes Suppengrün, 1 Lorbeerblatt, 2 TL Kümmelsamen und 200 ml Bier dazugeben. Die Haxe offen 2–2 ½ Stunden braten, öfter mit Flüssigkeit begießen. Den Ofen auf 220 °C stellen. 1 TL Salz und 4 EL Bier verrühren, die Schwarte damit einpinseln. Die Haxe 30 Minuten braten, bis die Schwarte knusprig ist. Öfter mit Salzbier einpinseln.

MEERRETTICH
Weiße Schärfe aus Bayern

IN BAYERN WIRD MEERRETTICH – WIE IN ÖSTERREICH – AUCH KREN GENANNT. GEGESSEN WIRD ER ZU GEKOCHTEM FLEISCH UND FISCH, ZU GEMÜSE UND ZU VERSCHIEDENEN WURSTWAREN.

WO ER HERKOMMT
Angebaut wird die scharfe Wurzel nicht in Oberbayern, sondern in Mittel- und Oberfranken, seit Mitte des 15. Jahrhunderts vor allem in der Umgebung von Beiersdorf. Begehrt war der besonders aromatische bayerische Meerrettich nicht nur bei Einheimischen. Zwischen 1870 und 1890 machten sich jährlich fünf bis sechs Schiffe mit 120 Fässern mit je 500 kg Meerrettichstangen über den Ludwig-Donau-Kanal auf den Weg in viele Länder. Bis heute ist die Region das traditionsreichste Meerrettich-Anbaugebiet der Welt.

WIE ER GEDEIHT
„Ein Acker mit Kren will seinen Herrn jeden Tag sehn", sagt eine alte Bauernweisheit. Und macht klar, dass der Anbau sich keinesfalls von selbst erledigt. Über den Winter ruhen die Setzlinge von Erde bedeckt. Sobald die Frostperiode sich ihrem Ende zuneigt, werden sie aus ihrem dunklen Winterloch geholt. Im Licht heller Räume bilden sich schnell neue Triebe. Etwa im April werden diese in die Äcker gesetzt, „mit dem Kopf gegen Osten zur aufgehenden Sonne", lautet die Anweisung. Anfang Mai zeigen sich die ersten Triebe, und diese müssen nun „geköpft" werden. Und das geht so: Alle Triebe werden frei gelegt. Nur der kräftigste darf weiterwachsen, alle anderen werden abgebrochen. Dieser einzelne Trieb ist nötig, damit später unverzweigte, einköpfig genannte Stangen geerntet werden können. Ebenfalls aus diesem Grund wird jede Meerrettichstange bis zum Herbst mindestens einmal ausgegraben. Die Nebentriebe werden nochmals entfernt und die Stange wieder in die Erde gesetzt. Im Oktober schließlich lockern die Bauern die Erde und ziehen die Stangen per Hand aus dem Boden.

WIE ER VERWENDET WIRD
Die Meerrettichwurzel ist zunächst geruchlos. Erst wenn die Stange geschält und das weiße Fleisch gerieben wird, setzen sich Geschmack und Schärfe frei. Was nicht roh als Stange verkauft wird, wird gleich vor Ort geschält, gewaschen, frisch gerieben und mit Essig, Öl und Gewürzen vermischt in Gläser gefüllt. Wenn Sie Meerrettich frisch kaufen, nehmen Sie keine ganze Stange, sondern nur ein Stück davon. Das dann locker in Papier gewickelt im Kühlschrank aufheben. Immer nur so viel schälen, wie Sie auch gleich reiben wollen. Und: Meerrettich am besten extra zu den Gerichten reichen oder erst zum Schluss aufstreuen. Beim Erhitzen verliert er nämlich einen Großteil seiner Schärfe.

BÖFFLAMOT ODER BIFFLAMOT
mit Rotweinsauce

DIESES GERICHT STAMMT WOHL AUS FRANKREICH. BOEUF À LA MODE KONNTE DER BAYER SCHON AUSSPRECHEN. ABER MÖGEN HAT ER HALT NICHT WOLLEN!

Zutaten für 4 Portionen

- 1 Stück Rinderbraten (etwa 1 kg, z. B. flache Schulter)
- 1 Stück Knollensellerie
- 1 dicke Möhre
- 1 Zwiebel
- ¾ l trockener Rotwein
- ⅛ l Rotweinessig
- je 1 TL Pfefferkörner und Wacholderbeeren
- 2 Gewürznelken
- 2 Lorbeerblätter
- je 1 EL Butter und Öl
- 1 Markknochen
- 1 Stück dunkles Bauernbrot (etwa 40 g)
- ½ EL Puderzucker
- Salz

Zeitbedarf

- 45 Minuten +
  3–4 Tage ziehen +
  2 Stunden schmoren

So geht's

1. Das Fleisch von Sehnen und größeren Fettstücken befreien. Den Sellerie, die Möhre und die Zwiebel schälen und würfeln. Mit Rotwein, Essig und ⅛ l Wasser einmal aufkochen und wieder abkühlen lassen. Mit den Gewürzen und dem Lorbeer über das Fleisch gießen. Das Fleisch in dieser Beize 3–4 Tage ziehen lassen.
2. Dann aus der Beize nehmen und trocken tupfen. In einem Schmortopf die Butter und das Öl erhitzen und das Fleisch darin rundherum mit dem Markknochen anbraten. Die Beize angießen, das Brot einlegen und alles zum Kochen bringen. Das Fleisch in der heißen Flüssigkeit bei schwacher bis mittlerer Hitze in etwa 2 Stunden gut weich kochen. Die Flüssigkeit soll dabei nicht kochen, sondern nur leicht wallen.
3. Das Fleisch aus der Flüssigkeit nehmen und zugedeckt warm halten. Die Sauce durch ein Sieb gießen, das Gemüse ausdrücken **[→ a]**. Den Puderzucker in einem Topf bei mittlerer Hitze schmelzen. Die Sauce dazugießen und bei starker Hitze auf etwa die Hälfte einkochen lassen **[→ b]**. Die Sauce mit Salz abschmecken. Das Fleisch in Scheiben schneiden und mit der Sauce anrichten.

Dazu schmecken Kartoffel- oder Semmelknödel, aber auch Schupfnudeln.

DAS IST *wirklich* WICHTIG

[a] SAUCE PASSIEREN Gießen Sie die Garflüssigkeit vom Fleisch durch ein Sieb in einen Topf. Drücken Sie die festen Zutaten mit dem Kochlöffelrücken etwas aus, so bekommt die Sauce noch mehr Aroma.

[b] FLÜSSIGKEIT REDUZIEREN Durch Kochen bei starker Hitze werden Saucen auch ohne Mehl schön sämig, vor allem, wenn sie wie hier durch Knochen und Brot Bindung bekommen. Kochen Sie die Sauce bei starker Hitze offen auf etwa die Hälfte ein.

[b]

[a]

DAS IST *wirklich* WICHTIG

[a] PÜREE AUFSCHLAGEN Schlagen Sie die heiße Milch mit dem Schneebesen kräftig unter die zerdrückten Gemüse, bis das Püree luftig und schön cremig ist. Nicht zu lange schlagen und vor allem keinen Pürierstab dafür nehmen, sonst wird das Püree klebrig und zäh.

[b] LEBER PUTZEN In der Regel wird die Leber vom Metzger vorbereitet. Falls Sie auf der Leber doch eine dünne Haut entdecken, lösen Sie diese mit dem Messer ab und ziehen sie dann vom Fleisch. Auch Röhren, die Sie im Fleisch entdecken, sollten Sie herausschneiden.

SAURE KALBSLEBER
mit Kartoffel-Pastinaken-Püree

FRÜHER WAR ES SELBSTVERSTÄNDLICH, ALLE TEILE VOM TIER ZU VERWERTEN. DA KAMEN INNEREIEN IN BAYERN VIEL HÄUFIGER AUF DEN TISCH ALS HEUTE.

Zutaten für 4 Portionen

Für das Püree

- 600 g mehligkochende Kartoffeln
- 400 g Pastinaken, Salz
- ¼ l Milch
- 50 g Butter
- Pfeffer aus der Mühle

Für die Leber

- 2 Zwiebeln
- 700 g Kalbsleber
- 2 EL Butter, 2 TL Mehl
- 1 TL edelsüßes Paprikapulver
- 4 EL Apfelessig oder Zitronensaft
- 400 ml Kalbs- oder Hühnerbrühe
- 1 Lorbeerblatt
- 1 EL Öl
- Salz, Pfeffer aus der Mühle

Zeitbedarf

- 45 Minuten

So geht's

1. Kartoffeln und Pastinaken schälen, waschen und würfeln. In einen Topf legen, ½ l Wasser zugießen, zum Kochen bringen und salzen. Die Gemüse zugedeckt bei schwacher Hitze in etwa 15 Minuten weich kochen.
2. Die Milch erhitzen, die Butter klein würfeln. Das Kochwasser vom Gemüse abgießen. Die Gemüsewürfel mit dem Kartoffelstampfer fein zerdrücken, die Butter untermischen. Die Milch dazugeben und unter das Gemüse schlagen [→ a]. Mit Salz und Pfeffer abschmecken und zugedeckt warm halten.
3. Während das Gemüse kocht, die Zwiebeln schälen, vierteln und in feine Streifen schneiden. Die Kalbsleber putzen [→ b] und in dünne Scheiben schneiden.
4. In einem weiten Topf 1 EL Butter erhitzen. Die Zwiebeln darin andünsten. Mehl und Paprikapulver darüberstäuben und anschwitzen. Essig und Brühe angießen und aufkochen. Lorbeer einlegen und die Sauce offen bei mittlerer Hitze etwa 10 Minuten köcheln lassen.
5. Die restliche Butter und das Öl in einer großen Pfanne erhitzen. Die Leber darin portionsweise bei mittlerer bis starker Hitze unter Rühren etwa 1 Minute braten, herausnehmen. Die Sauce mit Salz und Pfeffer abschmecken, die Leber untermischen und 1–2 Minuten ziehen lassen. Mit dem Püree servieren.

Die Variante

Saures Lüngerl
1 Bund Suppengrün zerkleinern, mit 2 geviertelten Zwiebeln, 2 Lorbeerblättern, je 1 TL Pfefferkörnern und Wacholderbeeren, Salz, 2 l Wasser und ⅛ l Essig aufkochen. 1 Kalbslunge in 1 Stunde weich köcheln. Zwischen zwei Teller legen, beschweren, abkühlen lassen, über Nacht in den Sud legen. In feine Streifen schneiden. 1 gewürfelte Zwiebel mit 1 TL Zucker in 2 EL Butter andünsten. 2 EL Mehl anschwitzen, ½ l gesiebten Sud unterrühren und 10 Minuten köcheln. Lunge darin 5 Minuten köcheln. Mit 50 g Sahne und 2 EL Essig verfeinern, salzen, pfeffern, mit Petersilie bestreuen.

SPANFERKELRÜCKEN *mit Korianderkruste*

DAS FLEISCH VON JUNGEN TIEREN KAM FRÜHER NUR BEI DEN REICHEN AUF DEN TISCH. UND IST NOCH HEUTE EIN BESONDERES FESTESSEN.

Zutaten für 4 Portionen

- 800 g gemischte Wurzelgemüse (Möhren, Knollensellerie, Pastinaken oder Petersilienwurzeln)
- 1 Zwiebel
- 1 Stück Spanferkelrücken ohne Schwarte (etwa 1,5 kg)
- Salz, Pfeffer aus der Mühle
- 1 EL Butter
- ¼ l dunkles Bier
- 1 EL Korianderkörner
- 1 Bund Petersilie
- 1 Stück Bio-Zitronenschale
- 2 Frühlingszwiebeln
- 100 g fetter (grüner) Speck

Zeitbedarf

- 45 Minuten + 1 ¼ Stunden garen

So geht's

1. Den Backofen auf 160 °C (Ober- und Unterhitze; Umluft 140 °C) vorheizen. Das Wurzelgemüse und die Zwiebel schälen und in etwa 1 cm große Würfel schneiden. Den Spanferkelrücken mit Salz und Pfeffer einreiben.
2. Die Butter in einem Bräter erhitzen, den Spanferkelrücken darin rundherum anbraten und wieder herausnehmen. Das Gemüse im Bratfett glasig dünsten. Mit dem Bier ablöschen und mit Salz und Pfeffer würzen. Das Spanferkel daraufsetzen und im Ofen (Mitte) etwa 1 ½ Stunden braten.
3. Den Koriander in einer trockenen Pfanne unter Rühren rösten, bis er fein duftet. In den Mörser schütten und fein zerstoßen **[→ a]**. Die Petersilie waschen und trocken schütteln, die Blättchen abzupfen und mit der Zitronenschale fein hacken. Die Frühlingszwiebeln waschen, putzen und mit dem knackigen Grün sehr fein schneiden. Den Speck würfeln und mit einer Gabel fein zerdrücken **[→ b]**. Koriander, Petersilie und Zwiebeln untermischen und den Speck leicht salzen und pfeffern.
4. Die Hitze auf 220 °C (Umluft 200 °C) erhöhen. Die Korianderkruste auf dem Spanferkelfleisch verteilen und alles weitere 15 Minuten braten, bis die Kruste braun ist. Den Braten in Alufolie wickeln und etwa 10 Minuten ruhen lassen, dann in Scheiben schneiden und mit dem Gemüse servieren.

DAS SPANFERKEL IST EIN SEHR JUNGES SCHWEIN, das geschlachtet wird, wenn es etwa 20 kg Gewicht erreicht hat. Das zarte Fleisch sollten Sie beim Metzger vorbestellen.

[a]

[b]

DAS IST *wirklich* WICHTIG

[a] KORIANDER RÖSTEN Gewürze entfalten ihr Aroma noch besser, wenn sie leicht geröstet werden. Erhitzen Sie die Korianderkörner in einer Pfanne ohne Fett, bis sie würzig durften. Dann in den Mörser schütten und so fein wie möglich zerstoßen.

[b] SPECK ZERKLEINERN Fetter weißer Speck ist in der Regel so weich, dass Sie ihn nach dem Würfeln mit einer Gabel leicht zerdrücken können. Falls das nicht gelingt, hacken Sie ihn mit einem großen schweren Messer kreuz und quer durch, bis er fast musig aussieht.

KALBSBRUST
mit Semmelfüllung

OBWOHL DIE BEILAGE – DIE FÜLLUNG – QUASI MITGELIEFERT WIRD, SERVIERT MAN IN BAYERN EINEN SAFTIGEN KARTOFFELSALAT ZU DIESEM KLASSIKER.

Zutaten für 4 Portionen

- 4 altbackene Brötchen oder Brezen (etwa 150 g)
- ⅛ l lauwarme Milch
- 1 Bund Petersilie
- 4 Zwiebeln
- 2 Möhren
- 1 Petersilienwurzel oder Pastinake (etwa 150 g)
- 2 EL Butterschmalz
- Salz, Pfeffer aus der Mühle
- frisch geriebene Muskatnuss
- 3 Eier (Größe M)
- 1 kg Kalbsbrust ohne Knochen (beim Metzger eine Tasche einschneiden lassen)
- ¾ l Fleischbrühe oder Kalbsfond

besonderes Werkzeug
- Zahnstocher und Küchengarn

Zeitbedarf
- 45 Minuten + 2 Stunden braten

So geht's

1. Brötchen oder Brezen in dünne Scheiben schneiden und mit der Milch begießen. Petersilie waschen und trocken schütteln, Blättchen fein hacken. 1 Zwiebel, beide Möhren und die Petersilienwurzel oder Pastinake schälen und klein würfeln.
2. In einer Pfanne 1 EL Schmalz zerlassen. Zwiebel, Möhren und Petersilienwurzel darin bei mittlerer Hitze 2–3 Minuten braten. Petersilie untermischen und zusammenfallen lassen. Alles mit Salz, Pfeffer und Muskat würzen, in eine Schüssel füllen und etwas abkühlen lassen. Brötchenscheiben leicht ausdrücken und mit den Eiern dazugeben. Alles gut verkneten und abschmecken.
3. Den Backofen auf 180 °C (Ober- und Unterhitze; Umluft 160 °C) vorheizen. Kalbsbrust innen und außen salzen und pfeffern. Kalbsbrust füllen **[→ a]** und die Öffnung mit Zahnstochern und Küchengarn verschließen **[→ b]**. Die übrigen Zwiebeln schälen und achteln.
4. Das restliche Schmalz in einem Bräter erhitzen und die Kalbsbrust darin rundherum anbraten. Zwiebeln daneben verteilen, Brühe oder Fond angießen und die Kalbsbrust im Ofen (unten) etwa 2 Stunden braten. Immer wieder mit Flüssigkeit beschöpfen.
5. Die Kalbsbrust aus der Sauce heben und in Alufolie gewickelt 10 Minuten ruhen lassen. Die Sauce durch ein Sieb gießen und bei Bedarf in einem Topf etwas einkochen lassen, dann abschmecken. Die Kalbsbrust in Scheiben schneiden und mit der Sauce servieren.

Dazu schmeckt Kartoffelsalat mit Gurke (siehe Seite 63).

DAS IST *wirklich* WICHTIG

[a] DIE FÜLLUNG EINFÜLLEN Legen Sie die Kalbsbrust flach auf das Küchenbrett und heben Sie die obere Lage mit einer Hand an. Mit einem großen Löffel Füllung in die Öffnung verteilen. Sie dehnt sich beim Garen aus, deshalb nicht zu fest hineindrücken.

[b] ÖFFNUNG VERSCHLIESSEN Die Kalbsbrust so drehen, dass die offene Seite nach oben zeigt. Im Abstand von 2 – 3 cm Zahnstocher von einer Seite zur anderen durchstecken. Ein langes Stück Küchengarn um den letzten Zahnstocher legen. Das Garn jetzt über Kreuz von einem Zahnstocher zum nächsten schlingen. Am Ende verknoten.

[b]

[a]

DAS IST *wirklich* WICHTIG

[a] FLEISCH PARIEREN Nur größere Fettstücke abschneiden, den Rest lassen Sie besser dran, denn es hält das Fleisch saftig. Sehnen hingegen entfernen, arbeiten Sie immer vom Körper weg. Stechen Sie mit einem Messer mit dünner Klinge unter die Sehne und trennen Sie sie direkt am Fleisch ab.

[b] PORTIONSWEISE BRATEN Damit sich beim Braten nicht zu viel Flüssigkeit bildet und das Fleisch nicht mehr bräunt, die Stücke portionsweise braten. Je nach Größe des Schmortopfs braten Sie das Fleisch in 3 – 4 Portionen bei starker Hitze unter Rühren, bis es sich rundherum leicht braun gefärbt hat. In einem Sieb über einer Schüssel beiseitestellen.

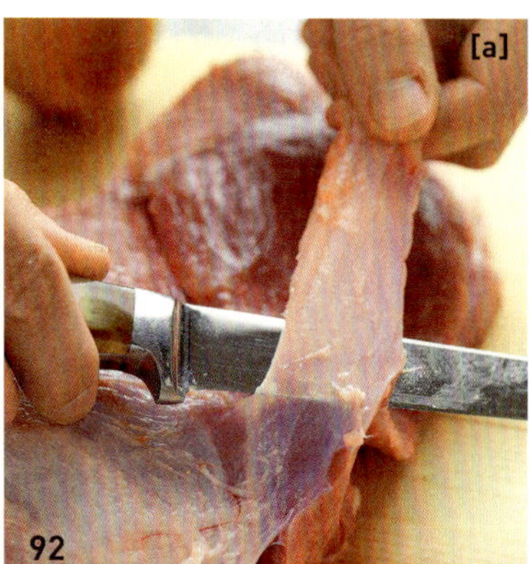
[a]

[b]

KALBSRAHMGULASCH
mit Bauernknödeln

DIE BAUERNKNÖDEL KOMMEN DEN URSPRÜNGLICHEN BAYERISCHEN KNÖDELN WOHL SEHR NAH – DURCH DAS MEHL SIND SIE BESONDERS NAHRHAFT.

Zutaten für 4 Portionen

Für das Gulasch

- 800 g Kalbsschulter oder -keule
- 2 Zwiebeln
- 2 Knoblauchzehen
- 2 EL Butter
- 2 TL Kümmelsamen
- 1 TL Zucker
- ¼ l Fleischbrühe
- 1 TL edelsüßes Paprikapulver
- Salz, Pfeffer aus der Mühle
- 100 g süße oder saure Sahne
- 1 TL mittelscharfer Senf

Für die Knödel

- 2 altbackene Semmeln
- 1 EL Butter, 150 g Mehl
- 1 Msp. Backpulver
- Salz, 50 ml Milch
- 2 Eier (Größe M)

Zeitbedarf

- 1 ¼ Stunden

So geht's

1. Das Fleisch von großen Fettstücken und Sehnen befreien [→ a] und in 2 cm große Würfel schneiden. Zwiebeln und Knoblauch schälen und fein hacken.
2. Die Butter in einem Schmortopf zerlassen. Das Fleisch darin portionsweise anbraten und wieder herausnehmen [→ b]. Wenn das Fleisch angebraten ist, Zwiebeln und Knoblauch mit Kümmel und Zucker im Fett andünsten. Mit Brühe ablöschen und den Bratsatz loskochen. Die Brühe mit Paprikapulver, Salz und Pfeffer abschmecken und das Fleisch dazugeben. Zugedeckt bei schwacher Hitze in etwa 45 Minuten weich schmoren.
3. Inzwischen für die Knödel die Semmeln knapp 1 cm groß würfeln. Die Butter zerlassen und die Würfel darin bei mittlerer Hitze knusprig braten. Das Mehl mit Backpulver und 1 TL Salz mischen. Milch und Eier unterrühren und die Semmelwürfel gründlich untermischen.
4. In einem großen Topf reichlich Wasser zum Kochen bringen und salzen. Vom Knödelteig mit einem Esslöffel Nocken abstechen und ins Wasser geben. Die Knödel im leise siedenden Wasser bei schwacher bis mittlerer Hitze offen in etwa 15 Minuten gar ziehen lassen.
5. Sahne und Senf zum Gulasch geben, abschmecken. Die Knödel mit einem Schaumlöffel aus dem Wasser heben und mit dem Gulasch servieren.

Die Variante

Ochsenschwanzragout
1,4 kg fleischigen Ochsenschwanz in 3–4 cm langen Stücken mit Küchenpapier abwischen, Splitter entfernen. Salzen, pfeffern und in 2 EL Öl in einem Bräter rundherum gut anbraten. 2 Zwiebeln und 2 Knoblauchzehen würfeln und mit je 1 TL süßem und scharfem Paprikapulver mitrösten. Mit ½ l Brühe ablöschen, 1 Stück Zitronenschale und 2 Lorbeerblätter einlegen. Ochsenschwanz bei schwacher Hitze etwa 2 ½ Stunden schmoren. Herausheben, die Sauce sieben und mit 100 g saurer Sahne verrühren. Salzen, pfeffern und über das Fleisch gießen.

HIRSCHRAGOUT *mit Wacholderrahm*

AROMATISCHES FLEISCH IN WÜRZIGER SAUCE – HERBST- UND WINTERGENUSS IN BAYERN. BESONDERS GUT MIT BREZENKNÖDELN ODER SCHUPFNUDELN.

Zutaten für 4 Portionen

- 1 kg Hirschragout ohne Knochen (möglichst große Stücke, sonst Schulter oder Keule nehmen und selber 2–3 cm groß würfeln)
- 1 Möhre
- 1 Stück Knollensellerie
- 1 Zwiebel
- 1 dünne Stange Lauch
- 1 TL Pfefferkörner
- 1 Gewürznelke
- 2 Lorbeerblätter
- ¾ l trockener Rotwein
- 2 EL Butterschmalz
- Salz, Pfeffer aus der Mühle
- 1 TL Wacholderbeeren
- 150 g Sahne

Zeitbedarf

- 30 Minuten + 1 Stunde schmoren + 1 Tag ruhen

So geht's

1. Vom Hirschragout größere Fettstücke und dicke Sehnen abschneiden. Die Möhre, den Sellerie und die Zwiebel schälen und grob schneiden. Den Lauch waschen, putzen und ebenfalls grob zerteilen.
2. Das Gemüse und die Zwiebel mit den Pfefferkörnern, der Nelke, dem Lorbeer und dem Wein in einer Schüssel mischen. Das Hirschfleisch dazugeben und zugedeckt über Nacht im Kühlschrank darin ziehen lassen.
3. Das Hirschfleisch aus dem Sud heben und mit Küchenpapier trocken tupfen. Das Butterschmalz in einem Schmortopf erhitzen. Das Fleisch darin in 3–4 Portionen kräftig anbraten und wieder herausnehmen.
4. Wenn alle Fleischstücke angebraten sind, mit der Marinade wieder in den Topf geben, salzen und zugedeckt bei schwacher Hitze etwa 1 Stunde schmoren, bis das Fleisch weich ist.
5. Die Wacholderbeeren im Mörser fein zerdrücken. Das Fleisch aus der Sauce fischen. Die Sauce durch ein Sieb passieren. 375 ml abmessen und wieder in den Topf schütten. Eventuell leicht einkochen lassen. Die Wacholderbeeren und die Sahne untermischen und die Sauce mit Salz und Pfeffer abschmecken. Das Fleisch wieder einlegen und noch einmal richtig heiß werden lassen.

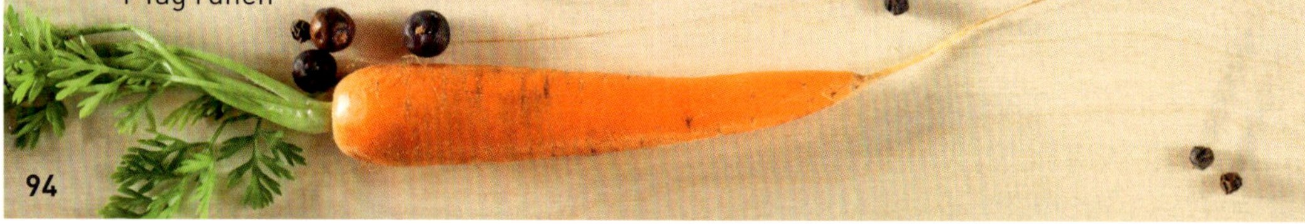

MÜNCHNER SCHNITZEL
mit sanfter Schärfe

SOLL DEM BERÜHMTEN WIENER SCHNITZEL KONKURRENZ MACHEN. UND PUNKTET TATSÄCHLICH DURCH MEHR WÜRZE DANK SENF UND MEERRETTICH.

Zutaten für 4 Portionen

- 4 große dünne Kalbsschnitzel (je 150 g, aus der Oberschale)
- 1 Stück frischer Meerrettich (etwa 2 cm)
- Salz, Pfeffer aus der Mühle
- 1 EL süßer Senf
- 4 EL Mehl
- 2 Eier (Größe M)
- 150 g Semmelbrösel (oder Brezenbrösel, siehe Tipp)
- 150 g Butterschmalz
- Zitronenschnitze zum Beträufeln

Zeitbedarf
- 20 Minuten

So geht's

1. Die Fleischscheiben einzeln auf ein Küchenbrett legen, mit einem Stück Frischhaltefolie abdecken und leicht klopfen, am besten mit der glatten Seite eines Fleischklopfers oder einer Pfanne.
2. Den Meerrettich schälen und fein reiben. Die Kalbsschnitzel auf beiden Seiten salzen und pfeffern, auf einer Seite dünn mit süßem Senf einstreichen, auf der anderen Seite mit dem Meerrettich bestreuen.
3. Das Mehl auf einem flachen Teller verteilen, die Eier in einen zweiten Teller aufschlagen und mit einer Gabel gut verquirlen. Die Semmelbrösel auf einem dritten Teller verteilen.
4. Die Schnitzel von beiden Seiten ins Mehl legen und das Mehl leicht andrücken. Überschüssiges Mehl vorsichtig abschütteln. Die Schnitzel dann durchs Ei ziehen und zum Schluss in den Semmelbröseln wenden. Die Panade nicht andrücken.
5. Das Butterschmalz in einer großen oder in zwei Pfannen gleichzeitig erhitzen. Die Schnitzel darin bei starker Hitze pro Seite in etwa 2 Minuten knusprig braten. Herausheben, kurz auf Küchenpapier entfetten und sofort mit Zitronenschnitzen servieren.

Dazu schmeckt Kartoffelsalat mit Gurke (siehe Seite 63).

SO SCHMECKT'S AUCH **Statt der Semmelbrösel können Sie für die Panade auch Brezenbrösel verwenden. Diese müssen Sie allerdings selbst herstellen. Dafür 2–3 Brezen ein paar Tage liegen lassen, bis sie ganz trocken sind. In Stücke brechen und in der Küchenmaschine zu Bröseln zerkleinen.**

REHMEDAILLONS
mit Pflaumensauce

DIE OBERBAYERISCHEN (BERG-)WÄLDER SIND WILDREICH. UND BEIM REH KÖNNEN SIE AUF ALLE FÄLLE SICHER SEIN, DASS ES AUS DER FREIEN NATUR KOMMT.

Zutaten für 4 Portionen

- 10 Backpflaumen ohne Stein
- 200 ml trockener Rotwein
- ⅛ l Wild- oder Kalbsfond
- 1 EL Rotweinessig
- 1 EL Honig
- 50 g Haselnusskerne
- ½ Bio-Orange
- ½ TL Korianderkörner
- Salz, Pfeffer aus der Mühle
- 1 Zwiebel
- 2 EL Butter
- 8 Scheiben Rehrückenfilet (je knapp 3 cm dick und etwa 80 g schwer)
- 1 EL Öl

Zeitbedarf

- 35 Minuten + 2 Stunden quellen

So geht's

1. Die Pflaumen halbieren. Den Wein mit dem Fond, dem Essig und dem Honig einmal aufkochen und über die Pflaumen gießen. Die Pflaumen etwa 2 Stunden quellen lassen, bis sie schön weich sind.
2. Dann die Haselnusskerne fein reiben. Die Orangenhälfte heiß waschen, abtrocknen und die Schale fein abreiben. Die Korianderkörner im Mörser fein zerstoßen. Haselnüsse mit der Orangenschale und dem Koriander auf einem Teller mischen und mit Salz und Pfeffer würzen.
3. Den Backofen auf 180 °C (Ober- und Unterhitze; Umluft 160 °C) vorheizen. Die Pflaumen aus der Marinade nehmen und fein würfeln. Die Zwiebel schälen und fein hacken. In einem Topf 1 EL Butter zerlassen und die Zwiebel darin unter Rühren andünsten. Die Marinade angießen, die Pflaumen untermischen und die Sauce offen bei mittlerer Hitze in etwa 10 Minuten auf die Hälfte einkochen lassen.
4. Gleichzeitig die Rehmedaillons in Form drücken [→ a], leicht salzen und pfeffern und in den Haselnüssen wenden. Die restliche Butter und das Öl in einer ofenfesten Pfanne (Griffe!) erhitzen. Die Medaillons auf jeder Seite bei starker Hitze 1 Minute anbraten. Dann in den Ofen schieben und in etwa 7 Minuten fertig garen [→ b].
5. Die Sauce mit Salz und Pfeffer abschmecken. Die Medaillons auf Teller verteilen und die Sauce rundherum verteilen.

Dazu schmecken Schupfnudeln oder auch Spätzle gut.

[b]

DAS IST *wirklich* WICHTIG

[a] MEDAILLONS IN FORM DRÜCKEN Falls die Rehfleischstücke nicht an allen Stellen gleich dick sind, drücken Sie sie an den dickeren Stellen mit dem Handballen etwas flacher. So garen sie gleichmäßig.

[b] GARZEIT Nach dem Anbraten und den 7 Minuten im Backofen sind die Rehmedaillons schön rosa. Wenn Sie sie ganz durch mögen, geben Sie 3 – 4 Minuten Garzeit zu.

[a]

DAS IST *wirklich* WICHTIG

[a] KRÄFTIG MISCHEN Kneten Sie das Fleisch mit den übrigen Zutaten so lange gut durch, bis die Masse bindet und sich gut formen lässt. Dann zu acht flachen Pflanzerln formen und auf einem Küchenbrett bereitlegen.

HIRSCHPFLANZERL
mit Sellerie-Birnen-Salat

FLEISCHPFLANZERL MIT SALAT ESSEN DIE BAYERN FÜR IHR LEBEN GERN. UND DIE KÖNNEN AUCH MAL AUS KALB- ODER SOGAR WILDFLEISCH SEIN!

Zutaten für 4 Portionen

Für den Salat

- 1 Knollensellerie (etwa 600 g), Salz
- 2 EL Apfelessig
- 1 TL Apfeldicksaft
- 1 TL mittelscharfer Senf
- ½ TL gemahlener Kümmel
- 4 EL Sonnenblumenöl
- 1 große Birne
- ½ Bund Schnittlauch

Für die Pflanzerl

- 1 ½ altbackene Semmeln
- 500 g Hirschfleisch (Schulter oder Keule)
- 1 Zwiebel
- 8 Zweige Thymian
- je 1 TL Wacholderbeeren und schwarzer Pfeffer
- Salz, 2 Eier (Größe M)
- 2 EL Butterschmalz

Zeitbedarf

- 50 Minuten

So geht's

1. Für den Salat den Sellerie vierteln und schälen. Wasser aufkochen und salzen. Sellerie darin zugedeckt bei mittlerer Hitze in 25–30 Minuten bissfest garen. Sellerie aus dem Sud heben, 6 EL Garsud abnehmen und mit Essig, Dicksaft, Senf, Kümmel und Salz verrühren, das Öl unterschlagen.
2. Für die Pflanzerl die Semmeln in lauwarmem Wasser einweichen. Das Hirschfleisch von großen Fettstücken und Sehnen befreien und würfeln, dann mit einem großen, schweren Messer fein hacken.
3. Die Zwiebel schälen und sehr fein würfeln. Thymian waschen und trocken schütteln, die Blättchen abstreifen. Wacholderbeeren und Pfeffer im Mörser fein zerdrücken.
4. Die Semmeln ausdrücken und zerpflücken, mit Zwiebel, Thymian, der Pfeffermischung und Salz zum Fleisch geben. Die Eier hinzufügen und alles zu einem gut gebundenen Teig verkneten. Zu acht Pflanzerln formen [→ a].
5. Das Butterschmalz erhitzen und die Pflanzerl bei mittlerer Hitze pro Seite etwa 6 Minuten braten.
6. Die Birne vierteln, schälen, vom Kerngehäuse befreien und in Schnitze schneiden. Den Sellerie in dünne Scheiben schneiden. Schnittlauch waschen, trocken schütteln und in Röllchen schneiden. Birne, Sellerie und Schnittlauch unter die Salatsauce mischen und abschmecken. Den Salat zu den Pflanzerln servieren.

Die Variante

Der Klassiker Fleischpflanzerl

Die Semmeln wie beschrieben einweichen, ausdrücken und zerpflücken. Statt dem Thymian 1 kleines Bund Petersilie waschen, trocken schütteln und die Blättchen fein hacken. Mit 1 gewürfelten Zwiebel, den Semmeln, 2 Eiern, 1 EL mittelscharfem Senf, Salz und Pfeffer unter 400 g gemischtes Hackfleisch (je 200 g Schwein und Rind) mischen, verkneten und zu Pflanzerln formen. Wie beschrieben braten. Dazu passt am besten Kartoffelsalat.

ENTENBRATEN
mit Blaukraut

DEN FESTLICHEN BRATEN GIBT ES TRADITIONELL AN KIRCHWEIH, MARTINI ODER WEIHNACHTEN – DANN SIND ENTEN AUS FREILANDHALTUNG BESONDERS GUT.

Zutaten für 4 Portionen

Für die Ente

- 1 küchenfertig vorbereitete Bauernente (etwa 3 kg)
- Salz, Pfeffer aus der Mühle
- 2 Zwiebeln, 2 Möhren
- 2 Äpfel
- ¼ l Weißbier oder Weißwein

Für das Blaukraut

- 1 kleines Blaukraut (Rotkohl, etwa 800 g)
- 2 säuerliche Äpfel, 1 Zwiebel
- 1 EL Butter, 2 TL brauner Zucker
- 200 ml Gemüsebrühe oder Apfelsaft
- 2 Gewürznelken
- 1 TL Wacholderbeeren
- Salz, Pfeffer aus der Mühle
- 1 EL Rotweinessig
- 2 TL Apfeldicksaft

besonderes Werkzeug
- Geflügelschere

Zeitbedarf
- 30 Minuten + 3 Stunden braten

So geht's

1. Die Ente mindestens 2 Stunden vor dem Braten aus dem Kühlschrank nehmen. Salz und Pfeffer vermischen und die Ente rundherum damit einreiben. Den Backofen auf 140 °C (Ober- und Unterhitze; Umluft 130 °C) vorheizen. Die Ente mit der Brust nach unten in einen großen Bräter legen. ¼ l heißes Wasser angießen. Die Ente im Ofen (unten) etwa 1 Stunde braten.
2. Zwiebeln und Möhren schälen und grob würfeln. Äpfel schälen, achteln und von den Kerngehäusen befreien. Gemüse, Obst und Bier oder Wein zur Ente geben, 1 Stunde im Ofen weiterbraten, dabei oft beschöpfen.
3. Inzwischen für das Blaukraut den Kohl von welken Blättern befreien, vierteln und den Strunk herausschneiden. Die Viertel in feine Streifen schneiden. Äpfel vierteln, schälen, vom Kerngehäuse befreien und in Schnitze schneiden. Zwiebel schälen und fein würfeln. Die Butter mit dem Zucker in einem Topf schmelzen. Äpfel, Zwiebel und Kraut darin andünsten. Mit Brühe oder Apfelsaft aufgießen, die Gewürze untermischen und das Kraut zugedeckt bei schwacher Hitze etwa 1 Stunde schmoren. Mit Essig und Dicksaft abschmecken.
4. Die Ente umdrehen und auf den Rost über der Fettpfanne legen. Etwa 1 Stunde bei 160 °C (Umluft 140 °C) braun braten, dabei häufig beschöpfen.
5. Die Ente tranchieren **[→ a + b]**. Die Sauce durch ein Sieb in einen Topf gießen. Die Entenstücke mit der Haut nach oben auf dem Rost kurz unter die heißen Grillschlangen schieben **[→ c]**. Dann im abgeschalteten Ofen warm halten.
6. Von der Sauce überschüssiges Fett abschöpfen, die Sauce kräftig aufkochen lassen. Mit Salz und Pfeffer abschmecken und mit dem Blaukraut zur Ente servieren.

Dazu schmecken Kartoffelknödel.

DAS IST *wirklich* WICHTIG

[a] ENTENKEULEN ABLÖSEN Gebratene Ente mit der Brust nach oben legen. Schneiden Sie das Fleisch mit einem Messer direkt zwischen Keule und Brust bis zum Gelenk ein. Keulenende leicht nach außen biegen, bis das Gelenk knackt. Schneiden Sie die Keule direkt im Gelenk mit der Geflügelschere ab.

[b] BRUSTFLEISCH AUSLÖSEN Das Brustfleisch auf beiden Seiten entlang des Brustbeins einschneiden, dann schneiden Sie das Brustfleisch entlang des Knochengerüstes ab. Jede Brust in drei Stücke schneiden. Die Flügel abtrennen und den Rücken mit Messer und Geflügelschere in mehrere Stücke teilen.

[c] GRILLEN Nach dem Tranchieren ist die Ente nicht mehr ganz heiß. Um sie wieder zu erhitzen, aber auch, damit die Haut so richtig knusprig wird: die Stücke mit der Haut nach oben auf den Rost legen und über der Fettpfanne ein paar Minuten unter die heißen Grillschlangen schieben.

BAYERISCHES BIER

Gerstensaft vom Feinsten

Hopfen und Malz – Gott erhalt's. Diesen frommen Wunsch an die himmlischen Mächte hat wohl so mancher mönchische Bierbrauer von Zeit zu Zeit nach oben gesandt. Klosterbrüder waren es nämlich, die den Gerstensaft im Isartal früher vor allem gebraut haben. So auch im Kloster Reutberg in Sachsenkam in der Nähe von Bad Tölz. Hier wurde der erste Sud im Jahr 1677 angesetzt. Und zwar von Nonnen, rund 60 Jahre nach der Gründung des Klosters.

WAS DRIN STECKT

Wasser, Malz, Hopfen und Hefe, mehr kommt laut Bayerischem Reinheitsgebot aus dem Jahr 1516 nicht ins Bier.

Mengenmäßig steht das Wasser natürlich an erster Stelle. Dass es von bester Qualität sein muss, versteht sich da von selbst.

Das Malz ist für den Alkohol und die Geschmackfülle des Biers da. Es wird für die untergärigen Biere aus Gerste, fürs Weizenbier aus Weizen gewonnen. Das Getreide liefert Stärke, die bei der Bierherstellung in Zucker umgewandelt wird. Der bringt schließlich den Alkohol und die Kohlensäure ins Bier.

Angestoßen wird dieser Umwandlungsprozess im Getreide durch das sogenannte Mälzen. Heute macht das kaum eine Brauerei noch selber, sondern bezieht das fertige Malz aus einer Mälzerei. Dort werden die Getreidekörner 24–36 Stunden eingeweicht und danach unter kontrollierten Bedingungen zum Keimen gebracht. Sobald die zarte Blattspitze des Keimes zu sehen ist, werden die Gerstenkörner gedarrt, also geröstet und getrocknet. Für helle Biersorten wird das Malz bei 90–95, für das dunkle bei 105 °C geröstet.

In anderen Ländern gibt es schon mal Biere, die aus Roggen oder anderem Getreide gemacht werden. In Bayern war das schon deshalb nicht üblich, weil man den Weizen und den Roggen zur Ernährung (Brot) der Bevölkerung brauchte.

Zweiter wichtiger Bestandteil beim Bierbrauen ist der Hopfen. Er gibt dem Bier das Aroma, die herbe Frische. Unter etwa 40 Hauptsorten kann der Brauer wählen. In Deutschland ist das größte Anbaugebiet in der Hallertau. Verwendet werden die Fruchtzapfen des Hopfens, heute werden sie allerdings der besseren Haltbarkeit wegen in speziellen Betrieben zu Pellets verarbeitet und in die Brauereien geliefert.

Die Hefe schließlich sorgt für die Gärung. Ein Teil des Zuckers wird durch sie in Alkohol und in Kohlensäure verwandelt.

Zwei verschiedene Hefestämme werden beim Bierbrauen eingesetzt. Die Hefe für untergärige Biere – im Grunde alle außer Weizenbier – setzt sich am Boden des Gärbehälters ab und wird nach dem Gären entfernt.

Die Hefe für die obergärigen Biere bildet mehrzellige Gebilde, in denen sich Luft binden kann, mit deren Hilfe sie an die Oberfläche des Bieres steigen. Dieser Hefestamm sorgt bei den obergärigen Bieren auch für das spezielle Aroma.

VON DER MAISCHE ÜBER DIE WÜRZE ZUM BIER

Am Anfang steht das Kochen. In einen Braukessel – in Kloster Reutberg kann man da noch hineinschauen, heute eine echte Seltenheit – kommen 42 Hektoliter Wasser und 1200 kg geschrotetes Malz. Diese sogenannte Maische kocht jetzt etwa 3 Stunden lang. Dabei wandelt sich Stärke in Zucker um.

Danach wird diese Maische durch einen Filter in einen zweiten Kessel abgelassen. Der Filter hält die groben Bestandteile (den Treber) zurück. Der Treber enthält immer noch sehr viel Stärke und wird als Viehfutter für Kühe verwendet.

Die Maische heißt in der Brausprache jetzt Würze. Die wird mit dem Hopfen gemischt und noch einmal so lange gekocht, bis der Zuckergehalt stimmt. Den braucht die Hefe nämlich später zum Gären. Vor allem der Zuckergehalt zusammen mit Eiweiß, Vitaminen und Mineralien, der nach diesem Kochprozess in der Würze enthalten ist, wird als Extrakt bezeichnet und steht in Prozent gerechnet später als Stammwürze mit auf dem Etikett, übrigens keine Angabe für den Alkoholgehalt.

Für helles Bier kocht dieser Sud 1 ½ – 2 Stunden und hat dann um die 11,9 % Stammwürze. Für dunkles 2 – 2 ½ Stunden und hat dann etwa 12,9 % Stammwürze (Faustregel: 1 Stunde kochen ergibt 1 % mehr Zucker).

Jetzt wird die Würze auf etwa 8 °C abgekühlt, fürs Weizenbier auf 15 °C, bevor die Hefe zugesetzt wird: Auf 1 Hektoliter Würze je nach Sorte ½ – 1 l angerührte Hefe.

Das Vergären geschieht über etwa sieben Tage, in der Klosterbrauerei Reutberg in offenen Behältern, auch das inzwischen eine Seltenheit, die man nur noch in solch relativ kleinen Betrieben finden kann. Das Vergären im offenen Behälter geht nicht ganz so gründlich und vollständig vonstatten, wodurch mehr Würze und Geschmack im Bier bleiben.

DIE MAGISCHE SIEBEN

Das Brauen bringt Braumeister Michael Pichler zum Schluss auf eine einfache Formel: etwa sieben Stunden kochen, etwa sieben Tage gären und etwa sieben Wochen lagern.

Denn wenn der Gärprozess nach etwa sieben Tagen abgeschlossen ist, der Zucker also zum größten Teil von der Hefe „verzehrt" wurde, kommt das Bier in Lagertanks. Druck und Temperatur werden darin kontrolliert, ein Teil der Kohlensäure entweicht.

In dieser Ruhephase erst wird der Geschmack des Bieres ausgewogen und rund, nach sieben Tagen schmeckt ein Bier noch grün, also grasig.

FRISCH SOLL ES SEIN

Direkt aus dem Tank genommen, ist das Bier naturtrüb. Dieses sogenannte Kellerbier ist allerdings nur 4, maximal 6 – 8 Wochen haltbar. Und das auch nur dann, wenn es im kühlen Keller gelagert wird. Wer das Kloster Reutberg besucht, kann es im angeschlossenen Klosterstüberl probieren.

Damit Bier länger haltbar bleibt, muss es entweder gefiltert oder/und erhitzt bzw. pasteurisiert werden.

Beim Filtern durchläuft es zwei Stufen. Zuerst wird grob gefiltert, Hefe, Hopfen und Eiweißbestandteile bleiben im Filter zurück. Beim zweiten feinen Filtern sammeln sich Milchsäurebakterien im Filter.

Beim alternativen Kurzzeiterhitzen wird das Bier für etwa 1 ½ Minuten auf 70 °C erhitzt. Beim Pasteurisieren erreicht es zwar nur etwa 60 °C, wird aber länger erhitzt und bekommt einen pasteurisierten Geschmack.

DAS IST *wirklich* WICHTIG

[a] ZITRONENSCHALE ABREIBEN Reiben Sie immer nur das Gelbe der Schale ab, das weiße Fleisch darunter schmeckt bitter.

RAHMSAIBLINGE
mit Koriander

EINE EINFACHE ART, GANZE FISCHE ZUZUBEREITEN, DIE NEBEN DEM FEINEN GESCHMACK VOR ALLEM DURCH BESONDERS SAFTIGES FISCHFLEISCH ÜBERZEUGT.

Zutaten für 4 Portionen

- 4 küchenfertige Saiblinge (je etwa 300 g)
- ½ Bund Petersilie
- 1 Zwiebel
- Salz, Pfeffer aus der Mühle
- 1 TL Korianderkörner
- 250 g Sahne
- ⅛ l Fischfond oder Weißwein
- 2 TL mittelscharfer Senf
- 2 EL Butter
- ½ Bio-Zitrone

Zeitbedarf
- 50 Minuten

So geht's

1. Den Backofen auf 200 °C (Ober- und Unterhitze; Umluft 180 °C) vorheizen. Die Saiblinge waschen und trocken tupfen. Die Petersilie waschen und trocken schütteln, die Blättchen abzupfen und fein hacken. Die Zwiebel schälen und klein würfeln. Mit der Petersilie mischen und mit Salz und Pfeffer würzen. Die Fische innen und außen mit Salz und Pfeffer würzen, die Zwiebelmischung in die Fischbäuche verteilen. Die Fische nebeneinander in eine ofenfeste Form legen.
2. Den Koriander in einer Pfanne ohne Fett unter Rühren etwa 1 Minute rösten, bis er fein duftet. Im Mörser mittelgrob zerstoßen, mit der Sahne, dem Fischfond oder Weißwein und dem Senf verrühren, mit Salz und Pfeffer abschmecken. Die Butter zerlassen, die Zitronenhälfte waschen und abtrocknen, die Schale dünn abreiben [→ a] und zur Butter geben.
3. Die Butter auf die Fische träufeln, die Sahnesauce neben den Fischen verteilen. Die Fische im Ofen (Mitte) etwa 25 Minuten garen. Dabei nach etwa 15 Minuten Garzeit ab und zu mit der Sahnesauce beschöpfen.

Dazu schmecken Salzkartoffeln.

Die Variante

Gebratene Renken mit Kartoffel-Feld-Salat
200 g festkochende Kartoffeln weich kochen, abgießen und ausdampfen lassen. Schälen und würfeln. 1 ½ EL Apfelessig mit 2 EL saurer Sahne, je 1 TL scharfem und süßem Senf und 2 EL Öl verrühren, salzen und pfeffern, Kartoffeln untermischen. 200 g Feldsalat waschen und trocken schütteln. 4 küchenfertige Renken (je etwa 300 g) salzen und pfeffern und in 2 EL Mehl wenden. In zwei Pfannen je 1 EL Butter und Öl erhitzen. Die Renken bei mittlerer Hitze pro Seite etwa 5 Minuten braten. Den Feldsalat mit den Kartoffeln und dem Dressing mischen und zu den Renken servieren.

RENKE SAUER
mit Zwiebeln

EIN AROMATISCHES GERICHT, DAS VOR ALLEM IM SOMMER SCHMECKT: EINGELEGTER KÜHLER FISCH, DER MIT BRATKARTOFFELN ODER BROT SERVIERT WIRD.

Zutaten für 4 Portionen

- 1 große Möhre
- 1 Stück Knollensellerie (etwa 150 g)
- ½ Bund Petersilie
- 2 Lorbeerblätter
- 4 Wacholderbeeren
- 1 TL Pfefferkörner
- 300 ml Weißweinessig
- Salz, Pfeffer aus der Mühle
- 2 TL Zucker
- 2 große Zwiebeln
- 4 küchenfertige Renken (je etwa 300 g)
- je 1 EL Öl und Butter

Zeitbedarf

- 50 Minuten + 1 Tag marinieren

So geht's

1. Die Möhre und den Sellerie schälen und grob schneiden. Die Petersilie waschen und trocken tupfen. Diese Zutaten mit dem Lorbeer, dem Wacholder, dem Pfeffer, dem Essig und 1 l Wasser zum Kochen bringen und offen bei mittlerer Hitze etwa 30 Minuten köcheln lassen.
2. Den Sud sieben und mit Salz, Pfeffer und dem Zucker abschmecken. Die Zwiebeln schälen, in dünne Ringe schneiden und in den Sud geben. Sud wieder aufkochen lassen. Die Zwiebeln 1–2 Minuten darin köcheln lassen, dann den Topf vom Herd ziehen und den Sud lauwarm abkühlen lassen.
3. Die Renken filetieren [→ a]. Fischfilets entgräten [→ b], kalt abspülen und trocken tupfen. Den Fisch mit Salz und Pfeffer würzen. Das Öl und die Butter in einer großen Pfanne erhitzen. Die Renkenfilets mit der Haut nach unten hineinlegen und bei mittlerer bis starker Hitze etwa 5 Minuten braten, bis das Fischfleisch auch an der Oberfläche nur noch ganz leicht glasig ist. Umdrehen und noch ein paar Sekunden braten.
4. Die Fischfilets mit der Haut nach oben nebeneinander in eine Form legen. Den Sud mit den Zwiebeln darüber verteilen und den Fisch mindestens 1 Tag durchziehen lassen. Rechtzeitig vor dem Servieren aus dem Kühlschrank holen [→ c].

Mit Brat- oder Salzkartoffeln servieren.

DAS IST *wirklich* WICHTIG

[a] RENKEN FILETIEREN Schneiden Sie zunächst das Fischfleisch direkt hinter den Kiemen bis zur Mittelgräte ein. Am Kopf beginnend die Haut direkt oberhalb der Mittelgräte einschneiden, dann das Fischfleisch an den seitlichen Gräten entlang abschneiden. Zum Schluss den Schwanz abtrennen. Das zweite Filet ebenso ablösen.

[b] GRÄTEN ZUPFEN Fahren Sie mit der Fingerspitze über das Fischfleisch und spüren so die Gräten auf. Daumen und Mittelfinger neben die Gräte auf das Fischfleisch legen und die Gräte mit der Pinzette langsam herausziehen.

[c] BEI ZIMMERTEMPERATUR SERVIEREN Damit sich die Aromen gut entfalten können, nehmen Sie den Fisch mindestens 1 Stunde vor dem Essen aus dem Kühlschrank und lassen ihn Zimmertemperatur annehmen. Außerdem die Teller leicht anwärmen.

INS NETZ GEGANGEN

Fischerei am Starnberger See

AUF RUND 70 SEEN BRINGT ES DIE REGION RUND UM MÜNCHEN, MANCHE BEEINDRUCKEND GROSS WIE DER CHIEMSEE, AUCH BAYERISCHES MEER GENANNT, ANDERE IDYLLISCH KLEIN.

Wir entscheiden uns für einen der bekanntesten unter ihnen, den Starnberger See. Weil er an vielen Stellen besonders tief gründet, ist er nach dem Bodensee der wasserreichste in ganz Deutschland.

In Schloss Possenhofen wuchs die spätere Kaiserin Sissi auf, auf der anderen Seite in Berg liegt das Schloss der Wittelsbacher. Wo früher der Adel Erholung und Ruhe suchte, sind heute die Reichen und Berühmten zu Hause. Sagt das Klischee. Wer aber die Stadt Starnberg links oder rechts liegen lässt und sich in einen der anderen Orte am See aufmacht, findet noch viel Ursprüngliches. Zum Beispiel in Ambach am Ostufer, wo wir die Familie Strobl besuchen.

DIE ENTWICKLUNG DES FISCHEREIRECHTS

Am Starnberger See trat die erste Seeordnung 1444 in Kraft und ist seither mehr oder weniger gleich geblieben. Das Recht zum Fischen hing und hängt am Grundbesitz. Der gehörte zunächst den Adelsgeschlechtern, ging dann an die bayerischen Herzöge und Klöster über und liegt heute beim Freistaat Bayern, der den Besitz an die Fischerfamilien verpachtet.

Gebunden ist das Recht zum Fischen also immer an das Anwesen und die Familie. Es wird innerhalb der Familie weitervererbt, kann allenfalls durch Adoption oder Einheirat erworben werden. Gibt es keinen Nachfolger, erlischt das Fischereirecht auf dem Anwesen. Kein Wunder also, dass die Zahl der Fischer am See eher sinkt. Waren es um 1900 noch 99 Fischerfamilie am Starnberger See, so sind es heute nur noch 34.

FISCHEN IN AMBACH

In der zehnten Generation liegt das Fischereirecht jetzt auf dem Anwesen von Monika und Johann Strobl. Das Erbe wird hier wohl einer der drei Söhne antreten. Demnächst wird er die Fischereischule besuchen. Denn der Fischer muss immer eine profunde Ausbildung nachweisen, um das Fischereirecht ausüben zu dürfen.

Schließlich ist die Fischerei kein romantisches Vergnügen, sondern eine oft anstrengende Arbeit, die Können und Erfahrung voraussetzt.

Erleichterung bekommen die Fischer heute durch modernere Gerätschaften. Sie fahren nicht mehr mit dem Einbaum auf den See, sondern mit motorbetriebenen stabilen Booten. Die Netze sind nicht mehr aus Baumwolle, sondern aus haltbarem Kunststoff. Das mühsame Ausbessern und Flicken der Netze können sich die Fischer von heute also sparen.

Doch ansonsten hat sich beim Fischfang nicht viel verändert. Die Schonzeiten der Fische, die zu unterschiedlichen Zeiten laichen und dann nicht gefischt werden, halten die Fischer schon im eigenen Interesse seit Urzeiten ebenso ein wie die Fangquoten.

Dass genau die Fische gefangen werden, die gerade zum Fang frei gegeben sind, regeln die Fischer so: Jede Fischart hat andere Vorlieben und Lieblingsplätze im See, wo sie sich gerne aufhält. Die kennen die Fischer natürlich und können sie ganz nach Belieben aufsuchen oder eben meiden. Außerdem arbeiten die Fischer mit Netzen mit unterschiedlichen Maschengrößen. So können etwa die noch zu jungen Fische durchschlüpfen, wie auch die kleineren Renken beispielsweise durch das Netz für die größeren Hechte.

BESTANDSSCHUTZ

Züchten lassen sich Renken nicht. Da sie aber die wichtigsten Fische für die oberbayerischen Fischer sind, wird dem Bestand am Starnberger See durch die sogenannte Laichfischerei etwas unter die Arme gegriffen. Für nur kurze Zeit im Winter werden die laichreifen Fische gefangen und in großen Wannen an Land gebracht. Dort streifen die Fischer Laich und Samen von weiblichen und männlichen Fischen in Eimer ab, mischen sie und bringen sie in die Brutstation in Allmannshausen, wo sie unter kontrollierten Bedingungen zu kleinen Fischchen heranreifen. Im Februar kann man sie dann in den See setzen.

FISCHREICHTUM

Der Hauptfisch am Starnberger See wie auch in anderen oberbayerischen Gewässern ist wie gesagt die Renke. Ihr Anteil am Fang liegt bei über 50 %, und deshalb wird sie auch als Brotfisch bezeichnet.

Um die 300 g wiegen die Fische, wenn sie ins Netz gehen und haben dann ein Alter von etwa drei Jahren erreicht. Das Fleisch des schlanken Fisches mit der silbrig glänzenden Haut ist fein und zart und löst sich leicht von den Gräten. Auch bei den Strobls gibt es Renke frisch, geräuchert oder nach Matjesart eingelegt. Was die Fischerfamilie nicht direkt verkauft, geht an die Gastronomie, etwa das Gasthaus „Zum Fischmeister“ gleich nebenan. Dort gibt's sogar mal die Leber der Renken, z. B. zart gebraten auf Salat.

Außer der Renke kommen noch 23 andere Fischarten im Starnberger See vor, etwa Seesaibling, Seeforelle, Zander und Hecht, aber auch Flussbarsch, Karpfen und Waller.

Weniger begehrt waren und sind die Weißfische aus dem See, etwa Rüßling oder Hasel. Die vielen kleinen Gräten im Fleisch schrecken viele so ab, dass Weißfische bis heute keine Schonzeit nötig haben. Ganz zu unrecht, wie wir finden, denn ihr helles Fleisch ist ausgesprochen delikat. Eine tolle Erfindung macht sie auch beim Essen zu einem echten Genuss: Mit einem speziellen Gerät werden die Gräten im Fleisch fein zerkleinert. So vorsichtig arbeitet die Maschine, dass das Fleisch dabei so wenig verletzt wird, dass man ihm nach dem Braten gar nichts anmerkt. Probieren Sie es aus!

EINE BAYERISCHE SPEZIALITÄT – STECKERLFISCH

Auch für diese köstliche Fischspezialität wurden früher Fische aus den bayerischen Seen wie Forellen und Renken und sogar die schmackhaften Weißfische kräftig gesalzen und gewürzt, auf Steckerl (Spieße) gesteckt und über der heißen Holz-(kohlen-)glut gebraten. Zwischendurch werden die Fische mit flüssiger Butter bepinselt. Die macht die Haut in Verbindung mit dem Salz so richtig schön knusprig. Heute findet man in den meisten Biergärten diese Fischarten leider nur noch selten. Meist stecken Makrelen auf den Steckerln.

DAS IST *wirklich* WICHTIG

[a] KÜRBIS VORBEREITEN Leichter geht die Vorbereitung, wenn Sie den Kürbis erst in Spalten schneiden. Die Kerne mitsamt dem faserigen Fleisch mit einem Löffel herausschaben. Die Spalten auf die Seite legen und die harte Schale Stück für Stück abschneiden.

[b] FISCHFILETS BRATEN Die Fischfilets mit der Haut nach unten in der heißen Pfanne so lange braten, bis die Haut so knusprig ist, dass sie sich vom Pfannenboden lösen lässt. Das Fischfleisch an der Oberfläche ist noch leicht glasig.

[b]

[a]

FISCHFILETS
mit Kürbispüree

IN DER PFANNE GEBRATEN WIRD FISCH SCHON LANGE. DIE KOMBINATION MIT DEM WÜRZIGEN KÜRBISPÜREE ENTSTAMMT DER MODERNEN BAYERISCHEN KÜCHE.

Zutaten für 4 Portionen

Für das Kürbispüree

- 1 Stück Kürbis (etwa 800 g, z. B. Muskatkürbis)
- 1 mehligkochende Kartoffel
- 1 Zwiebel
- 2 EL Butter
- ½ TL Korianderkörner
- 200 ml Gemüsebrühe
- 200 ml Milch
- 1 TL süßer Senf
- Salz, Pfeffer aus der Mühle

Für den Fisch

- 700 – 800 g Fischfilets mit Haut (z. B. Weißfische, Hecht oder Zander)
- 1 EL Zitronensaft
- Salz, Pfeffer aus der Mühle
- je 1 EL Butter und Öl

Zeitbedarf

- 40 Minuten

So geht's

1. Den Kürbis putzen und schälen [→ a], dann grob würfeln. Die Kartoffel schälen, waschen und würfeln. Die Zwiebel schälen und sehr fein hacken, am besten mit dem Zwiebelhacker.
2. 1 EL Butter in einem Topf zerlassen, die Zwiebel darin andünsten. Kürbis und Kartoffel dazugeben und kurz mitdünsten. Die Korianderkörner dazugeben. Mit der Gemüsebrühe aufgießen und erhitzen. Das Gemüse zugedeckt bei schwacher bis mittlerer Hitze in etwa 15 Minuten weich kochen.
3. Inzwischen die Fischfilets kalt abspülen und trocken tupfen. Mit Zitronensaft beträufeln und mit Salz und Pfeffer würzen. Beiseitestellen.
4. Die Milch erwärmen. Die übrige Butter in kleine Würfel schneiden. Kürbis und Kartoffel mit dem Kartoffelstampfer fein zerdrücken. Die Milch und die Butter mit dem Schneebesen unterschlagen. Das Püree mit Senf, Salz und Pfeffer abschmecken und zugedeckt warm halten.
5. Für die Fischfilets die Butter mit dem Öl in einer großen Pfanne erhitzen. Die Fischfilets mit der Haut nach unten hineinlegen und bei starker Hitze je nach Dicke 3 – 5 Minuten braten [→ b]. Umdrehen und noch knapp 1 Minute braten.
6. Das Kürbispüree auf vorgewärmte Teller geben und die Fischfilets daraufsetzen. Gleich servieren.

Dazu schmecken Salat und Salz- oder Bratkartoffeln.

Die Variante

Gebratene Fischfilets mit Bärlauch-Kohlrabi
Die Fischfilets wie links beschrieben mit Salz, Pfeffer und Zitronensaft würzen. 3 Kohlrabi schälen und klein würfeln, zarte Blätter waschen und in Streifen schneiden. Mit 200 ml Gemüsebrühe in einem Topf erhitzen und zugedeckt bei schwacher Hitze in etwa 8 Minuten bissfest garen. Inzwischen 1 große Handvoll Bärlauch waschen, trocken schütteln, fein hacken und mit 1 EL Butter in kleinen Würfeln unter den Kohlrabi mischen. Mit Salz, Pfeffer und Bio-Zitronenschale würzen. Fischfilets braten und mit dem Gemüse servieren.

GEBRATENE FISCHFILETS *mit Biersauce*

WER GLAUBT, BIER PASST NUR ZU FLEISCH, WIRD HIER EINES BESSEREN BELEHRT. DIE SAUCE SCHMECKT AUCH FEIN ZU KARPFEN- ODER WEISSFISCHFILETS.

Zutaten für 4 Portionen

- 2 Zwiebeln
- 2 Knoblauchzehen
- 8 Renken- oder Saiblingsfilets bzw. 4 Zanderfilets mit oder ohne Haut (insgesamt etwa 700 g)
- ½ Bio-Zitrone
- Salz, Pfeffer aus der Mühle
- 2 EL Butter + 30 g eiskalte Butter
- 2 gestr. TL Zucker
- 2 gestr. TL Mehl
- 300 ml dunkles Bier
- 1 EL Öl
- 50 g Sahne
- 2 TL süßer Senf

Zeitbedarf
- 25 Minuten

So geht's

1. Die Zwiebeln schälen, vierteln und in feine Streifen schneiden. Den Knoblauch schälen und fein würfeln. Die Fischfilets kalt abspülen und trocken tupfen, Gräten mit der Pinzette vorsichtig aus dem Fischfleisch ziehen. Die Zitronenhälfte heiß waschen und abtrocknen, die Schale fein abreiben und den Saft auspressen. Die Fischfilets mit Salz und Pfeffer würzen und mit 1 EL Zitronensaft beträufeln.
2. In einem Topf 1 EL Butter zerlassen. Die Zwiebel mit dem Knoblauch und dem Zucker einrühren und bei mittlerer Hitze unter Rühren ein paar Minuten andünsten. Das Mehl darüberstäuben und kurz anschwitzen. Das Bier angießen und aufkochen. Die Sauce offen bei mittlerer Hitze etwa 5 Minuten köcheln lassen, bis sie dicklich wird.
3. Gleichzeitig 1 EL Butter mit dem Öl in einer großen Pfanne erhitzen. Die Fischfilets darin bei mittlerer Hitze pro Seite etwa 2½ Minuten braten.
4. Die eiskalte Butter in kleine Würfel schneiden. Die Sahne unter die Biersauce rühren, die Butterwürfel mit dem Schneebesen nach und nach unterschlagen. Die Sauce mit der Zitronenschale, dem Senf, Salz und Pfeffer abschmecken. Die Fischfilets auf vorgewärmte Teller geben und die Biersauce darüber verteilen.

Dazu schmecken Salzkartoffeln oder Kartoffelbrei.

ZANDERFILETS
auf Rahmkraut

FISCH WIRD HIER MEIST IM GANZEN GEBRATEN ODER IM SUD BLAU GEKOCHT – DOCH DAS KATHOLISCHE BAYERN KENNT MEHR FISCHGERICHTE FÜR FASTENTAGE.

Zutaten für 4 Portionen

- 1 kleiner Weiß- oder Spitzkohl (etwa 700 g)
- 1 Zwiebel
- 4 EL Butter
- ⅛ l Gemüsebrühe
- 150 g saure Sahne
- 2 TL Weißweinessig oder Zitronensaft
- Salz, Pfeffer aus der Mühle
- 1 TL edelsüßes Paprikapulver
- 4 Zanderfilets ohne Haut (je etwa 180 g)
- 100 g Semmelbrösel
- 1 EL frisch geriebener Meerrettich

Zeitbedarf
- 45 Minuten

So geht's

1. Den Kohl von allen welken Blättern befreien, der Länge nach vierteln und den Strunk aus der Mitte herausschneiden. Den Kohl in feine Streifen schneiden. Die Zwiebel schälen und fein würfeln.
2. Den Backofen auf 200 °C (Ober- und Unterhitze; Umluft 180 °C) vorheizen. In einem Topf 1 EL Butter zerlassen, die Zwiebel und den Kohl darin andünsten. Mit der Brühe aufgießen und zugedeckt bei schwacher Hitze etwa 10 Minuten vorgaren. Mit der sauren Sahne und dem Essig oder Zitronensaft mischen, mit Salz, Pfeffer und dem Paprikapulver abschmecken.
3. Das Kraut in einer ofenfesten Form verteilen. Die Fischfilets kalt abspülen und trocken tupfen. Salzen, pfeffern und nebeneinander auf das Kraut legen. Die übrige Butter in einem Topf zerlassen, die Semmelbrösel einrühren und den Topf vom Herd ziehen. Den Meerrettich untermischen und die Brösel auf den Fischfilets verteilen. Die Fischfilets im heißen Ofen (Mitte) etwa 15 Minuten backen, bis sie gar sind. Mit dem Rahmkraut auf Tellern anrichten.

Dazu gibt es Salzkartoffeln.

FORELLE BLAU
mit Rote-Rüben-Meerrettich-Salat

SÜSSWASSERFISCHE WIE FORELLE, HECHT, BARSCH UND KARPFEN SCHMECKEN BLAU GEKOCHT BESONDERS GUT. PERFEKT ERGÄNZT DURCH DEN WÜRZIGEN SALAT.

Zutaten für 4 Portionen

Für den Salat

- 4 Rote Rüben (etwa 600 g)
- 2 EL Apfelessig
- 1 TL Apfeldicksaft
- ½ TL gemahlener Kümmel
- Salz, Pfeffer aus der Mühle
- 4 EL Öl
- 2 cm frischer Meerrettich

Für den Fisch

- 1 Möhre
- 1 Stück Knollensellerie
- 1 Stange Lauch
- 2 Lorbeerblätter
- je 1 TL Pfefferkörner und Wacholderbeeren, Salz
- 100 ml Weißweinessig
- 4 Forellen (je etwa 300 g)

besonderes Werkzeug

- länglicher Topf, in dem alle Fische Platz haben

Zeitbedarf

- 45 Minuten

So geht's

1. Die Roten Rüben waschen und mit Wasser in einem Topf zum Kochen bringen. Zugedeckt bei schwacher bis mittlerer Hitze in etwa 45 Minuten weich, aber nicht zu weich kochen. Die Roten Rüben abgießen und abkühlen lassen.
2. Inzwischen für den Fischsud Möhre, Sellerie und Lauch putzen, schälen oder waschen und grob schneiden. Mit 1 ¾ l Wasser, Lorbeer, Pfefferkörnern und Wacholderbeeren in einem Topf zum Kochen bringen. 1 EL Salz zugeben und alles etwa 15 Minuten köcheln lassen. Die Fische nicht waschen **[→ a]**.
3. Für den Salat den Essig mit dem Dicksaft, dem Kümmel, Salz und Pfeffer verrühren. Das Öl zu einer cremigen Sauce unterschlagen. Die Roten Rüben schälen und in etwa ½ cm dicke Scheiben schneiden, die Scheiben in Stifte schneiden. Den Meerrettich schälen und fein reiben. Beides mit der Salatsauce mischen und abschmecken.
4. Den Sud durch ein Sieb in einen länglichen Topf gießen, den Essig untermischen. Den Sud abschmecken und evtl. etwas salzen. Die Hitze so einstellen, dass die Flüssigkeit nur leise köchelt **[→ b]**. Die Fische einlegen und offen in etwa 10 Minuten gar ziehen lassen.
5. Die Fische aus dem Sud heben und auf Tellern oder einer Platte servieren. Den Rote-Rüben-Meerrettich-Salat dazu reichen.

Dazu schmecken außerdem noch Salzkartoffeln und zerlassene, leicht gebräunte Butter.

DAS IST *wirklich* WICHTIG

[a] FÜR DIE BLAUE FÄRBUNG Die Schleimschicht auf der Haut sorgt dafür, dass sich der Fisch beim Pochieren bläulich verfärbt. Die Fische also keinesfalls waschen, denn die Haut soll unverletzt bleiben.

[b] PERFEKT GAREN Die Flüssigkeit im Fischtopf darf beim Pochieren nicht sprudelnd kochen, sondern die Temperatur liegt knapp unter dem Siedepunkt. Es sollen nur kleine bis mittelgroße Blasen darin aufsteigen.

[b]

HECHTNOCKERL
auf Gurken-Dill-Gemüse

FISCHNOCKERL UND -TERRINEN WURDEN WOHL IN KLÖSTERN ERFUNDEN UND OFT MIT DILLSAUCE SERVIERT. DAS GURKENGEMÜSE PASST ABER AUCH GUT DAZU.

Zutaten für 4 Portionen

Für die Nockerl

- 50 g Toastbrot oder Weißbrot
- 250 g Sahne
- 500 g Hechtfilet ohne Haut
- 1 EL Zitronensaft
- 1 dünne Stange Lauch
- 1 Ei (Größe M)
- 1 EL frisch gehackte Kräuter (z. B. Dill oder Borretsch)
- Salz, Pfeffer aus der Mühle

Für das Gemüse

- 700 g Gurken, 1 Zwiebel
- 1 EL Butter, 1 TL Zucker
- ⅛ l Gemüsebrühe
- 1 Bund Dill
- 100 g saure Sahne
- Salz, Pfeffer aus der Mühle

besonderes Werkzeug
- Mixer oder Küchenmaschine

Zeitbedarf
- 1 Stunde 10 Minuten

So geht's

1. Für die Nockerl das Brot entrinden, würfeln und mit der Hälfte der Sahne mischen. Im Kühlschrank durchziehen lassen. Fischfilet kalt abspülen, trocken tupfen und in etwa 1 cm große Würfel schneiden. Mit dem Zitronensaft mischen und ebenfalls kühl stellen.
2. Den Lauch waschen, putzen und mit dem knackigen Grün fein hacken. Die Brotwürfel-Sahne-Mischung, die Fischwürfel, die übrige Sahne und das Ei im Mixer in etwa 1 Minute fein pürieren [→ a]. Lauch und Kräuter unterrühren, die Masse mit Salz und Pfeffer abschmecken und etwa 30 Minuten kühl stellen.
3. Inzwischen die Gurken schälen und längs halbieren. Die Kerne herauskratzen. Die Gurkenhälften in etwa 1 cm dicke Scheiben schneiden. Die Zwiebel schälen und klein würfeln. Die Butter mit dem Zucker schmelzen und die Zwiebel mit den Gurken darin andünsten. Mit der Brühe aufgießen. Die Gurken zugedeckt bei schwacher Hitze in etwa 10 Minuten bissfest schmoren.
4. Für die Nockerl reichlich Wasser zum Kochen bringen und salzen. Hitze herunterschalten. Aus der Masse ein Probenockerl formen und garen [→ b + c]. Die übrigen Nockerl formen und in etwa 10 Minuten im Wasser leise gar ziehen lassen.
5. Den Dill waschen und trocken schütteln. Von den dicken Stielen befreien und fein hacken. Dill und saure Sahne unter die Gurken mischen und mit Salz und Pfeffer abschmecken. Das Gurkengemüse auf vorgewärmte Teller geben. Die Nockerl mit dem Schaumlöffel aus dem Wasser heben und darauf anrichten.

SO SCHMECKT'S AUCH **Für eine Dillsauce 2 gehäufte TL Mehl in 1 EL zerlassener Butter goldgelb anschwitzen. Mit ¼ l Fischfond auffüllen, bei mittlerer Hitze etwa 10 Minuten köcheln. 100 g Sahne, Salz, Pfeffer und 1 Prise Muskatnuss unterrühren. 1 Bund gehackten Dill untermischen, Nockerl in der Sauce servieren.**

DAS IST *wirklich* WICHTIG

[a] PÜRIEREN UND KÜHLEN Geben Sie alle gut gekühlten Zutaten in die Küchenmaschine und zerkleinern Sie sie höchstens 1 Minute. Das garantiert, dass die Fischmasse beim Zerkleinern nicht warm wird. Das wiederum könnte dazu führen, dass sie gerinnt. Im Sommer einfach noch 1 Eiswürfel mit in die Küchenmaschine geben.

[b] KLÖSSCHEN FORMEN 1 gehäuften Kaffeelöffel (etwas größer als ein Teelöffel) von der Fischfarce abnehmen. Einen zweiten Kaffeelöffel darauflegen und mit einer leichten Drehung unter die Fischfarce fahren und sie vom unteren Löffel abstreifen. Diesen Vorgang 2–3-mal wiederholen, bis ein glattes Klößchen entstanden ist.

[c] PROBEKLÖSSCHEN GAREN Um Konsistenz und Geschmack zu prüfen, am besten ein Probeklößchen formen und in 10 Minuten im heißen Wasser gar ziehen lassen. Falls es nicht in Form bleibt, noch 1–2 EL Semmelbrösel unter die übrige Fischfarce mischen. Falls es zu mild schmeckt, Fischfarce nachwürzen.

SÜSSES
als Nachtisch und zum Sattessen

APFELSTRUDEL, AUSZOGNE UND ROHRNUDELN – BAYERISCHE SÜSSE GERICHTE SIND SCHON FAST EINE MAHLZEIT. UND WURDEN DAHER AUCH GERNE AN FASTENTAGEN SERVIERT, ETWA NACH EINER SUPPE. MACHEN SIE ES DOCH EINFACH GENAUSO!

ALMABTRIEB
Buntes Spektakel

JA, ES GIBT SIE NOCH, DIE IDYLLE AUF DER ALM. AUF DEN SAFTIGEN WIESEN EINES BERGES, AUF DEN KEINE SEILBAHN FÜHRT UND WO DIE WEGE BEI MOUNTAINBIKERN NICHT ALS GEHEIMTIPP GELTEN.

Auf solchen Almen leben Senner oder Sennerin mit ihren Kühen etwa vier Monate im Sommer. Manche machen noch selber Käse und Butter, andere transportieren die Milch ins Tal, wo andere sich ums Käsen kümmern. In jedem Fall aber ist der Käse aus der Milch von Kühen, die den Sommer auf einer Almwiese verbracht haben, unschlagbar gut. Der Fettgehalt so ausgewogen, dass der Käse schön cremig ist, die Milch durch die vielen Gräser und Kräuter so würzig, dass man es noch im Käse schmecken kann.

WEITHIN SICHTBAR

Ganz klar aber auch, dass die Idylle nur an schönen Tagen wirklich ungetrübt ist. Ziehen schwere Gewitter durch die Berge, kann es schon mal gefährlich werden. Auch für die Tiere.

Wenn die Kühe im September den Heimweg ins Tal antreten, versammeln sich vielerorts zahlreiche Menschen am Wegesrand und im Tal, um sie in Empfang zu nehmen. Bunte Wiesenblumen, Gräser und zarte Bänder machen den Kopfschmuck der Tiere zu einer echten Augenweide. Und dass die Kühe so geschmückt den Heimweg ins Dorf antreten, macht vor allem eins klar: Der Sommer auf der Alm ist ohne Drama vonstatten gegangen, keine der vielen Kühe, die die warmen Monate auf den saftigen Almwiesen verbracht haben, ist verunglückt oder gar gestorben.

VON BAYERISCHEN KÜHEN

Bei den Rassen liegt das Bayerische Fleckvieh mit 80 % unangefochten an erster Stelle. Mit 10 % kommt das Allgäuer Braunvieh weit abgeschlagen an zweiter Stelle, gibt aber eine besonders gute Milch. Inzwischen leben auf manchen Höfen zwei fast vom Aussterben bedrohte Rassen: das Pinzgauer und das widerstandsfähige Murnau-Werdenfelser Rind.

KÄSE UND MILCH AUS BAYERN

Köstlichkeiten entstehen aus der bayerischen Milch. Bergkäse kommt hauptsächlich aus den Allgäuer Bergen, aber auch Oberbayern hat einiges zu bieten: Bayerischer Butterkäse ist ein eher weicher Schnittkäse mit sehr mildem Geschmack. Ganz anders der Bayerische Rotschmierkäse: Romadur, Limburger und Münsterkäse sind Weichkäse, deren Reifung durch die sogenannte Rotschmiere unterstützt wird. Es handelt sich dabei um spezielle Kulturen. Schon seit 1927 wird der bayerische Edelpilzkäse hergestellt. Der von blauen oder grünlichen Schimmeladern durchzogene Weichkäse schmeckt pikant bis sehr pikant.

Wenn in Bayern von Topfen die Rede ist, handelt es sich schlicht um Quark. Eine Rahmsauce wird mit süßer Sahne gemacht, und kommt saure Sahne an ein Gericht, ist das Sauerrahm. Und das alles entsteht aus Milli, Milch.

TOPFENNOCKERL
mit Rhabarber-Erdbeer-Kompott

EIN REZEPT, WIE ES ÄHNLICH AUCH IN DER ÖSTERREICHISCHEN KÜCHE ZU FINDEN IST. DORT WERDEN DIE KNÖDEL MEIST MIT MARILLEN GEFÜLLT.

Zutaten für 4 Portionen

Für das Kompott

- 500 g Rhabarber
- 250 g Erdbeeren
- 100 g Zucker

Für die Nockerl

- 500 g Quark
- 50 g weiche Butter
- 60 g Zucker
- 1 Prise Salz
- 2 Eier (Größe M)
- 100 g Hartweizengrieß
- 50 g Mehl

Zeitbedarf

- 1 Stunde

So geht's

1. Den Rhabarber waschen und die Enden abschneiden. Falls sich dabei Fäden lösen, diese abziehen. Den Rhabarber in knapp 1 cm dicke Scheiben schneiden. Die Erdbeeren waschen, putzen und je nach Größe vierteln oder achteln.
2. Rhabarber und Erdbeeren mit dem Zucker und ⅛ l Wasser in einem Topf erhitzen und zugedeckt bei mittlerer Hitze etwa 5 Minuten kochen, bis das Obst weich ist. Das Kompott abkühlen lassen.
3. Inzwischen für die Nockerl den Quark in einem Sieb gut abtropfen lassen. Die Butter mit dem Zucker schaumig rühren. Das Salz und die Eier unterrühren. Den Quark, den Grieß und das Mehl ebenfalls dazugeben und alles gut verrühren. Den Teig etwa 30 Minuten quellen lassen.
4. Dann in einem großen Topf reichlich Wasser zum Kochen bringen und salzen. Vom Teig mit zwei Kaffeelöffeln Nockerl abstechen und ins Wasser gleiten lassen. Die Nockerl darin bei schwacher Hitze offen in etwa 10 Minuten gar ziehen lassen.
5. Die Nockerl mit dem Schaumlöffel aus dem Wasser heben und auf Teller verteilen. Das Kompott dazu servieren. Oder die Nockerl auf das Kompott setzen.

DAS IST *wirklich* WICHTIG

[a] GELATINE EINWEICHEN Die durchsichtigen Blätter zuerst in kaltem Wasser einweichen und geschmeidig werden lassen. Das dauert 5 – 10 Minuten. Dann einzeln aus dem Wasser heben, etwas ausdrücken und eins nach dem anderen unter die Creme rühren, bis es sich auflöst.

[b] SAHNE CREMIG SCHLAGEN Die Sahne für die Creme soll Stand haben, aber nicht zu steif sein. Sonst macht sie die Creme nicht locker, sondern buttrig-fest. Sahne deshalb nicht zu steif schlagen.

[b]

BAYERISCHE CREME
mit Hollersauce

RAHMSULZ NENNT MAN IN BAYERN DIESE ZARTE CREME AUCH, DIE SCHON SEIT LÄNGERER ZEIT EINZUG IN DIE KLASSISCHE KÜCHE GEHALTEN HAT.

Zutaten für 4 – 6 Portionen

Für die Creme

- 1 Vanilleschote
- ½ l Milch
- 4 sehr frische Eigelb
- 100 g Zucker
- 6 Blatt Gelatine
- 150 g Sahne

Für die Sauce

- ¼ l Holundersaft (Reformhaus oder Bioladen)
- 50 g Puderzucker

besonderes Werkzeug

- Schüssel fürs Wasserbad
- Mixer oder Küchenmaschine

Zeitbedarf

- 40 Minuten + 4 Stunden kühlen

So geht's

1. Für die Creme in einem Topf Wasser erhitzen. Eine passende Edelstahlschüssel über den heißen Wasserdampf hängen. Die Vanilleschote aufschlitzen und das Mark herauskratzen. Mark und Schote in einem Topf mit der Milch erhitzen.
2. Die Eigelbe mit dem Zucker in der Edelstahlschüssel cremig, aber nicht schaumig schlagen. Die Vanilleschote aus der heißen Milch fischen. Die Vanillemilch in die Eigelbmischung einrühren und alles über dem heißen Wasserbad zu einer dickflüssigen Creme aufschlagen.
3. Inzwischen die Gelatine in kaltem Wasser einweichen, dann einzeln in die warme Creme rühren und darin auflösen **[→ a]**. Creme lauwarm abkühlen lassen. Inzwischen die Sahne cremig schlagen **[→ b]**.
4. Sahne unter die lauwarme bis handwarme Creme heben (Temperatur am besten mit dem Finger prüfen). Die Bayerische Creme in vier oder sechs kalt ausgespülte Dessertförmchen füllen und etwa 4 Stunden kühl stellen.
5. Für die Sauce den Holundersaft mit dem Puderzucker in einem Topf erhitzen und bei mittlerer Hitze in 8 – 10 Minuten dickflüssig einkochen lassen. Abkühlen lassen.
6. Die Bayerische Creme jeweils auf Teller stürzen, mit Sauce umgießen und servieren.

Die Variante

Lebkuchencreme mit Orangensauce
Für die Creme 2 Lebkuchen ohne Glasur oder Kuvertüre in kleine Stücke brechen. Die Creme wie beschrieben mit nur 70 g Zucker zubereiten, mit der Sahne die Lebkuchenstücke untermischen. Für die Sauce ¼ l frisch gepressten Orangensaft mit 50 g Puderzucker erhitzen und einkochen lassen. Die abgeriebene Schale von 1 großen Bio-Orange untermischen und die Sauce abkühlen lassen. Zur Lebkuchencreme servieren.

[b]

[c]

DAS IST *wirklich* WICHTIG

[a] TEIG AUFTEILEN Nach dem Kneten den Teig in 12 Stücke teilen, mit leicht bemehlten Händen zu Kugeln formen, mit etwas Butter einstreichen und auf der leicht bemehlten Arbeitsfläche unter einem Tuch etwa 15 Minuten gehen lassen.

[b] AUSZOGNE FORMEN Die Finger mit zerlassener Butter fetten. Ein Teigstück in die Hand nehmen und den Rand durch die Finger gleiten lassen, bis er rund und dick wie eine Wulst ist und die Mitte des Teigstücks fast durchsichtig.

[c] FETT GUT ERHITZEN Halten Sie zum Test einen hölzernen Kochlöffelstiel ins heiße Fett. Wenn sich sofort viele Bläschen um den Stiel bilden, ist das Fett heiß genug. Oder Sie prüfen die Temperatur mit dem digitalen Thermometer: 160 – 170 °C sind richtig.

[d] AUSZOGNE FRITTIEREN Die Teigstücke ins heiße Fett legen. Schöpfen Sie zweimal heißes Fett über die Teigstücke, dann gehen sie besser auf und die Oberfläche trocknet nicht aus. Nach 1 – 2 Minuten, wenn die Unterseite goldbraun ist, die Teigstücke vorsichtig wenden. Dabei aufpassen, dass die Innenseite kein Fett abbekommt. Sie soll schön hell bleiben.

AUSZOGNE
am besten ganz frisch

TRADITIONELL GAB ES DIE AN KIRCHWEIH. INZWISCHEN BEKOMMT MAN DAS GEBÄCK AUS DEM HEISSEN FETT – AUCH SCHMALZNUDEL GENANNT – DAS GANZE JAHR ÜBER.

Zutaten für 12 Stück

- ¼ l Milch
- ½ Würfel frische Hefe (20 g)
- 40 g Zucker
- 50 g Butter
- 500 g Mehl
- 1 Prise Salz
- 1 Ei (Größe M)
- 1 Eigelb
- 2 EL zerlassene Butter
- 750 g Ausbackfett oder ¾ l neutrales Öl
- feiner Zucker zum Bestreuen

besonderes Werkzeug

- großer Topf
- Schaumlöffel

Zeitbedarf

- 1 Stunde + 15 Minuten ruhen

So geht's

1. Die Milch lauwarm erhitzen. Die Hefe zerkrümeln und mit 50 ml Milch und 1 TL Zucker verrühren. Die Butter in der übrigen Milch zerlassen.
2. Das Mehl mit dem Salz und dem übrigen Zucker mischen. Die angerührte Hefe, Ei und Eigelb sowie die Milch mit der Butter dazugeben und alles zu einem glatten, eher weichen Teig verkneten.
3. Aus dem Teig 12 Kugeln formen, mit Fett bestreichen und unter einem Tuch 15 Minuten ruhen lassen **[→ a]**.
4. Dann zu Auszognen formen **[→ b]**. Das Fett oder das Öl in einem weiten Topf gut erhitzen **[→ c]**. Die Auszognen portionsweise hineingeben und 1–2 Minuten frittieren, dann wenden **[→ d]**. Fertig gebackene Auszogne mit dem Schaumlöffel aus dem Fett heben, auf Küchenpapier entfetten und abkühlen lassen. Vor dem Servieren mit Zucker bestreuen. Frisch essen!

Die Variante

Faschingskrapfen
Den Teig wie beschrieben, aber mit 30 g frischer Hefe zubereiten. Nach dem Aufgehen halbieren und jeweils zu einer 2–3 cm dicken Platte ausrollen. Auf einer Platte mit einem Ausstecher Kreise von 8 cm Ø markieren. In die Mitte der Kreise je 1 TL Aprikosen- oder Erdbeerkonfitüre geben, mit der anderen Teigplatte abdecken und ausstechen. Die Krapfen in heißem Fett bei mittlerer Hitze frittieren, dabei während der ersten 3 Minuten den Deckel auflegen. Dadurch gehen sie besonders gut auf. Dann wenden und weiter frittieren, bis sie schön gebräunt sind.

HOLLERKÜCHERL
mit Puderzucker

WENN DIE ZARTEN WEISSEN HOLUNDERBLÜTEN IM MAI UND JUNI IHREN FEINEN DUFT VERSTRÖMEN, FREUEN SICH VIELE AUF DIESEN BESONDEREN GENUSS.

Zutaten für 4 Portionen

- 12 schöne Holunderblütendolden
- 20 g Butter
- 2 Eier (Größe M)
- 200 g Mehl
- ¼ l Bier (helles oder Weißbier) oder Weißwein
- 1 Prise Salz
- 750 g Ausbackfett oder ¾ l neutrales Pflanzenöl
- Puderzucker zum Bestäuben

Zeitbedarf

- 40 Minuten

So geht's

1. Die Holunderblüten ganz vorsichtig kalt abspülen und mit Küchenpapier trocken tupfen.
2. Die Butter in einem kleinen Topf zerlassen und leicht braun werden lassen. Die Eier trennen. Das Mehl mit den Eigelben, dem Bier oder Wein und der flüssigen Butter zu einem eher festen Teig verrühren. Die Eiweiße mit dem Salz steif schlagen und unterheben.
3. Das Frittierfett in einem weiten Topf erhitzen. Die Holunderblüten portionsweise in den Teig legen, mit einer Gabel herausfischen und ins heiße Fett geben. In 2–3 Minuten goldgelb frittieren, dabei einmal wenden. Mit einem Schaumlöffel herausheben, abtropfen und auf Küchenpapier entfetten lassen. Wenn alle Holunderblüten frittiert sind, mit Puderzucker bestäuben und frisch servieren.

SO SCHMECKT'S AUCH Servieren Sie zu den knusprigen Hollerkücherln ein feines Himbeermark: dafür 250 g Himbeeren mit 2 EL Puderzucker fein pürieren und durch ein Sieb streichen, um die Kerne zu entfernen. Mit etwa 1 TL Zitronensaft würzen und zu den Kücherln essen.

BLAUBEERPFANNKUCHEN
mit Sauerrahm-Zimt-Sauce

WER SELBST BLAUBEEREN SAMMELT, MUSS SIE UNBEDINGT ERHITZEN, ROH DÜRFEN SIE NICHT GENASCHT WERDEN. ODER KULTURHEIDELBEEREN KAUFEN!

Zutaten für 4 Portionen

Für die Pfannkuchen

- 4 Eier (Größe M)
- 1 Prise Salz
- 300 g Mehl
- ½ l Milch
- 6 EL Zucker
- 400 g Heidelbeeren
- 4 EL Butter

Für die Sauce

- 200 g saure Sahne
- 50 g süße Sahne
- 1 EL Puderzucker
- 1 Prise gemahlener Zimt

Zeitbedarf
- 45 Minuten

So geht's

1. Die Eier trennen. Die Eiweiße mit dem Salz steif schlagen und in den Kühlschrank stellen. Die Eigelbe mit dem Mehl, der Milch und 2 EL Zucker zu einem glatten Teig verrühren und 15 Minuten quellen lassen.
2. Inzwischen die Heidelbeeren in stehendem Wasser waschen und abtropfen lassen. Für die Sauce die saure und die süße Sahne mit dem Puderzucker und dem Zimt mit dem Schneebesen gründlich verschlagen.
3. Den Eischnee unter den Pfannkuchenteig heben. 1 EL Butter in einer Pfanne mit 1 EL Zucker schmelzen. Ein Viertel der Heidelbeeren hineingeben, ein Viertel des Teiges darauffüllen. Den Pfannkuchen bei mittlerer Hitze 3–4 Minuten backen, bis der Teig auch an der Oberfläche nicht mehr ganz flüssig ist. Den Pfannkuchen auf einen Teller gleiten lassen, umgedreht zurück in die Pfanne stürzen und nochmals etwa 2 Minuten backen.
4. Nacheinander 4 Pfannkuchen backen und jeweils im Backofen bei 70 °C warm halten, bis alle gebacken sind. Die Pfannkuchen warm mit der kühlen Sauce essen.

MÜNCHNER APFELSTRUDEL

auch fein als Hauptgericht mit Zimt

SEINEN URSPRUNG HAT DER STRUDEL IN DER TÜRKEI. ÜBER WIEN KAM ER NACH MÜNCHEN UND WURDE HIER MIT SAUERRAHM WUNDERBAR VERFEINERT.

Zutaten für 4 – 6 Portionen

Für den Teig

- 250 g Mehl
- 1 Prise Salz
- 2 EL neutrales Öl
- 1 Ei (Größe M)

Für die Füllung

- 1,5 kg säuerliche Äpfel
- 2 EL Zitronensaft
- 100 g Zucker
- 1 TL gemahlener Zimt
- 250 g saure Sahne
- 50 g Rosinen (nach Belieben)

Zum Bestreichen

- 50 g zerlassene Butter

Zeitbedarf

- 1 Stunde + 45 Minuten backen

So geht's

1. Das Mehl mit dem Salz mischen. Das Öl, das Ei und zunächst 80 ml lauwarmes Wasser dazugeben und alles so lange kräftig kneten, bis ein glatter, geschmeidiger und seidig glänzender Teig entsteht [→ a]. Falls nötig, noch etwas Wasser zugeben.
2. Den Teig zur Kugel formen, in Butterbrotpapier wickeln und in einem heißen Topf 30 Minuten ruhen lassen.
3. Inzwischen für die Füllung die Äpfel vierteln, schälen, vom Kerngehäuse befreien und in dünne Schnitze schneiden. Mit Zitronensaft, Zucker und Zimt mischen.
4. Den Teig halbieren, die eine Hälfte wieder in den Topf legen, die andere zuerst mit dem Nudelholz so dünn wie möglich auf einem bemehlten Küchentuch ausrollen, dann über den Handrücken so dünn wie möglich ausziehen.
5. Den Backofen auf 180 °C (Ober- und Unterhitze; Umluft 160 °C) vorheizen. Das Backblech mit Backpapier belegen oder eine große längliche Backofenform mit Butter ausstreichen.
6. Den hauchdünnen Strudelteig mit flüssiger Butter bestreichen und mit der Hälfte der Apfelfüllung belegen [→ b]. Die Hälfte der sauren Sahne und nach Belieben die Hälfte der Rosinen darauf verteilen. Strudel aufrollen [→ c], mit Butter bestreichen und auf das Backblech oder in die Form gleiten lassen [→ d]. Die zweite Teigportion ebenso ausrollen, füllen, aufrollen und auf das Backblech oder in die Form gleiten lassen. Die Strudel im heißen Ofen etwa 45 Minuten backen.

[c]

DAS IST *wirklich* WICHTIG

[a] DIE RICHTIGE KONSISTENZ Wie der Teig nach dem Kneten aussehen soll, wie Sie ihn ruhen lassen und wie er perfekt ausgerollt und gezogen wird, sehen Sie auf Seite 47.

[b] TEIG BELEGEN Verteilen Sie die Füllung so auf dem Teig, dass rundherum etwa 2 cm frei bleiben. Saure Sahne in Klecksen daraufgeben. Die Teigränder über die Füllung klappen.

[c] TEIGPLATTE AUFROLLEN Heben Sie das Tuch an einer Längsseite leicht an. Der Teig beginnt, sich aufzurollen. Das Tuch immer mehr anheben, bis sich der Teig zu einer Rolle geformt hat.

[d] TEIGROLLE IN DER FORM PLATZIEREN Lassen Sie die Rolle bis ans Ende des Tuches weiterrollen. Dann das Tuch an beiden Seiten hochheben und direkt an das Blech halten. Den Strudel vorsichtig auf das Blech gleiten lassen – mit der Naht nach unten.

[b]

[d]

DAS IST *wirklich* WICHTIG

[a] NOCHMALS DURCHKNETEN Nach dem Gehen kneten Sie den Teig noch einmal kurz durch. So wird er feinporiger und zu große Luftbläschen, die beim Gären (Gehen) entstanden sind, können entweichen.

[b] TEIGSTÜCKE FORMEN Den Teig in 16 Portionen teilen. In jede davon wird eine Zwetschge verpackt. Dazu den Teig entweder mit dem Nudelholz leicht ausrollen oder in der Handfläche mit den Fingern flach drücken. Legen Sie die Zwetschge darauf, klappen den Teig darüber zusammen und verschließen die Teigenden.

ROHRNUDELN *mit Zwetschgen*

DIE TRADITIONELLE FASTENSPEISE GAB ES FRÜHER OFT AM FREITAG ALS SÜSSES HAUPTGERICHT WARM AUS DEM ROHR (BACKOFEN) SERVIERT.

Zutaten für 16 Stück

- 200 ml Milch
- 1 Würfel frische Hefe (42 g)
- 50 g Zucker
- 100 g Butter
- 500 g Mehl
- 1 Prise Salz
- 1 Ei (Größe M)
- 16 Zwetschgen
- 16 Stück Würfelzucker
- ½ TL gemahlener Zimt

Außerdem

- 1 EL Zucker, mit ½ TL gemahlenem Zimt gemischt

Zeitbedarf

- 40 Minuten + 1 ¼ Stunden ruhen + 30 Minuten backen

So geht's

1. Die Milch lauwarm erhitzen. Die Hefe zerkrümeln und mit 50 ml Milch und 1 TL Zucker verrühren. 50 g Butter in der übrigen Milch zerlassen.
2. Das Mehl mit dem Salz und dem restlichen Zucker mischen. Die angerührte Hefe, das Ei und die Milch mit der Butter dazugeben und alles zu einem glatten Teig verkneten. Den Teig zugedeckt etwa 1 Stunde gehen lassen.
3. Für die Füllung die Zwetschgen waschen und an einer Seite aufschneiden, den Kern herauslösen. Den Würfelzucker mit dem Zimt mischen und jeweils statt des Zwetschgenkerns 1 Würfelzucker in jede Zwetschgen legen.
4. Die übrige Butter zerlassen und in eine ofenfeste Form gießen. Den Backofen auf 200 °C (Ober- und Unterhitze; Umluft 180 °C) vorheizen.
5. Den Teig noch einmal durchkneten **[→ a]**, in 16 Portionen teilen und jeweils in der Handfläche flach drücken **[→ b]**. 1 Zwetschge darauflegen, den Teig darüberklappen und rund rollen. Teigstücke nebeneinander in die Form setzen. Etwa 15 Minuten gehen lassen, dann im heißen Ofen (Mitte) etwa 30 Minuten backen. Mit Zimtzucker bestreuen und abkühlen lassen.

Die Variante

Dampfnudeln
Den Teig wie links zubereiten. In einem Topf oder einer hohen Pfanne von etwa 26 cm Ø (mit Glasdeckel!) 2 cm hoch Milch mit 1 EL Zucker und 30 g Butter erwärmen. Vom Teig mit einem Esslöffel Portionen abstechen, rund formen und nebeneinander in die Milch setzen. Kurz gehen lassen. Den Deckel auflegen und die Milch aufkochen. Dampfnudeln bei schwacher bis mittlerer Hitze etwa 30 Minuten garen, bis die Milch aufgesogen ist und sich eine karamellbraune Kruste gebildet hat. Dampfnudeln warm mit Vanillesauce servieren.

KLETZENBROT
mit dreierlei Trockenfrüchten

EIN GEBÄCK, DAS MAN FRÜHER IN BAYERN UND SCHWABEN UM DEN ANDREASTAG (30. NOV.) GEBACKEN UND ERST AM WEIHNACHTSTAG ANGESCHNITTEN HAT.

Zutaten für ca. 40 Scheiben

- 400 g getrocknete Birnen (Kletzen)
- 100 g getrocknete Feigen
- 100 g getrocknete Zwetschgen
- 100 g Haselnusskerne
- je 50 g Orangeat und Zitronat
- 2 EL Rosinen
- 50 ml Birnen- oder Zwetschgenwasser
- ½ EL gemahlener Zimt
- je 1 kräftige Prise gemahlene Nelken und gemahlener Kardamom
- ½ Würfel Hefe (etwa 20 g)
- 250 g Roggenvollkornmehl
- 250 g Weizenmehl
- 1 Prise Salz
- 75 g Sauerteig
- 100 g Zucker
- 1 EL Honig

Zeitbedarf

- 1 ½ Stunden + 8 Stunden ruhen + 80 Minuten backen

So geht's

1. Die Birnen, die Feigen und die Zwetschgen mit ¾ l Wasser einmal aufkochen und etwa 4 Stunden oder über Nacht quellen lassen. Dann abtropfen lassen und die Einweichflüssigkeit auffangen.
2. Nüsse, Orangeat und Zitronat klein würfeln und mit den Rosinen, dem Birnen- oder Zwetschgenwasser und dem Zimt, den Nelken und dem Kardamom mischen.
3. Von der Einweichflüssigkeit 300 ml abmessen und lauwarm erhitzen. Die Hefe zerkrümeln und in etwa der Hälfte der Flüssigkeit verrühren. 10 Minuten stehen lassen, dann mit den beiden Mehlsorten, dem Salz, dem Sauerteig und dem Zucker mindestens 5 Minuten lang kräftig durchkneten. Den Teig zugedeckt an einem warmen Ort etwa 4 Stunden gehen lassen.
4. Die eingeweichten Trockenfrüchte klein schneiden. Vom Teig etwa zwei Drittel abnehmen und mit den Trockenfrüchten und der Nussmischung verkneten. Den restlichen Teig dünn ausrollen und den Trockenfruchtteig darin einhüllen [→ a].
5. Den Brotlaib auf ein mit Backpapier belegtes Blech legen [→ b]. Nochmals etwa 15 Minuten gehen lassen.
6. Den Backofen auf 180 °C (Ober- und Unterhitze; Umluft 160 °C) vorheizen. Das Kletzenbrot im heißen Ofen (Mitte) etwa 80 Minuten backen. Nach etwa 40 Minuten den Honig mit 1 EL warmem Wasser verrühren und das Brot damit einpinseln. Fertigbacken und abkühlen lassen, in Alufolie wickeln und vor dem Anschneiden mindestens 1 Woche an einem kühlen Ort ruhen lassen [→ c].

SO SCHMECKT'S AUCH Statt einem großen können Sie auch zwei kleine Laibe formen. Unangeschnitten hält sich das Kletzenbrot länger frisch, bzw. Sie können eines verschenken. In diesem Fall reduziert sich die Backzeit auf etwa 1 Stunde.

DAS IST *wirklich* WICHTIG

[a] LAIB FORMEN Rollen Sie den restlichen Teig zu einer dünnen Platte auf der gut bemehlten Arbeitsfläche aus. Den Trockenfruchtteig in die Mitte geben und zu einem ovalen Laib formen. Schlagen Sie jetzt die Teigplatte von allen Seiten über den Laib und schneiden Sie überschüssigen Teig ab. Legen Sie den Teig dabei locker um den Trockenfruchtteig. Der geht nämlich beim Backen auf und würde sonst zu sehr aufplatzen. Teigplatte an den Schnittstellen leicht zusammendrücken.

[b] AUFS BLECH SETZEN Kleiden Sie das Backblech mit Backpapier aus. Den Brotlaib dann mit der Schnittstelle nach unten auf das Blech setzen.

[c] RUHEN LASSEN Die Aromen im saftigen Kletzenbrot verteilen sich beim Ruhen erst richtig gut. Lassen Sie das Kletzenbrot nach dem Backen mindestens 1 Woche in Folie verpackt an einem kühlen Ort durchziehen.

REZEPTREGISTER

THEMENREGISTER

GENIESSEN!

REGIONALER GENUSS
Die gute Wahl

REINHARDT HESS

Garten- & Wildkräuter

- 144 Seiten, 110 Abbildungen, €/D 14,95
- ISBN 978-3-440-12590-8

Abwechslungsreich: Hier finden Sie Schnelles für jeden Tag, aromatische Gaumenfreuden für besondere Gelegenheiten und Würziges für den Vorrat.
Wissenswert: Lesen Sie, wie Sie Kräuter selbst ziehen und lernen Sie bekannte und exotische Arten kennen.
So gelingt's: Genau gezeigt, wie es wirklich geht, wird schon das Kochen zum Genuss.

AKTEURE

Cornelia Schinharl gehört mit über 50 veröffentlichten Büchern nicht nur zu den erfolgreichsten Kochbuchautorinnen im deutschsprachigen Raum, sondern ist auch mit ganzem Herzen Bayerin. Die leidenschaftliche Köchin schätzt die Klassiker ihrer Heimat ebenso wie neuere Kreationen aus heimischen Zutaten. Mit viel Leidenschaft und Kreativität stellt sie die besten Rezepte aus Oberbayern vor und trifft dabei ganz Stil und Geschmack ihrer Landsleute.

Alexander Walter ist seit über 20 Jahren selbständiger Fotograf. Im Auftrag renommierter Verlage und internationaler Agenturen arbeitet er vor allem in den Bereichen Food, Stillife, People und Reportage. Der leidenschaftliche Gourmet und Hobbykoch war bei mehr als 50 Kochbüchern für die optische Umsetzung verantwortlich. Er lebt und arbeitet mitten im Grünen im schönsten bayerischen Oberland.

Sven Dittmann sammelte nach seiner klassischen Ausbildung zum Koch weitere 11 Jahre Erfahrungen und Eindrücke in renommierten Restaurants in Deutschland. Seit 2006 bringt er diese als freiberuflicher Foodstylist vor die Kamera für Printmedien, Buchverlage und Werbeagenturen.

Monica Liebetanz, diplomierte Modedesignerin, hat ihr Gespür für Gestaltung vom Bereich Mode auf Food, Home & Interior erweitert. So arrangiert sie für Fotos seit vielen Jahren schöne Dinge miteinander.

Maria Gilg unterstützte das Fototeam immer gut gelaunt mit ihrem Fleiß und ihren kreativen Ideen bei der Produktion.

IMPRESSUM

Mit ca. 130 Farbfotos von Alexander Walter

Umschlaggestaltung von Gramisci Editorialdesign, München
unter Verwendung eines Fotos von Alexander Walter

Rezepte, Geling-Tipps, Infos zum KOSMOS-Kochbuch-Programm und vieles mehr unter
kosmos.de/gut-gekocht

Unser gesamtes lieferbares Programm und viele weitere Informationen zu unseren Büchern, Spielen, Experimentierkästen, DVDs, Autoren und Aktivitäten finden Sie unter **kosmos.de**

Gedruckt auf chlorfrei gebleichtem Papier

ISBN 978-3-440-12823-7

Redaktion und Projektleitung: Marc Strittmatter
Lektorat: Katharina Lisson, München
Gestaltungskonzept und Layout:
Gramisci Editorialdesign, München
Satz: Atelier Krohmer, Dettingen/Erms
Produktion: Eva Schmidt
Printed in Germany / Imprimé en Allemagne

Zwei lohnende Adressen, die in den Reportagen auftauchen:

Starnberger Fischer:
www.strobl.ambach.de

Klosterbrauerei Reutberg:
www.klosterbrauerei-reutberg.de

MIX
Papier aus verantwortungsvollen Quellen
FSC® C004592
FSC
www.fsc.org